文物虚拟复原关键技术研究

以秦始皇兵马俑为例

赵夫群◎著

中国经济出版社
CHINA ECONOMIC PUBLISHING HOUSE
·北京·

图书在版编目（CIP）数据

文物虚拟复原关键技术研究：以秦始皇兵马俑为例／赵夫群著．--北京：中国经济出版社，2022.11

ISBN 978-7-5136-7161-3

Ⅰ.①文… Ⅱ.①赵… Ⅲ.①数字技术-应用-秦俑-文物复制-研究 Ⅳ.①K878.94

中国版本图书馆 CIP 数据核字（2022）第 218876 号

责任编辑　郭国玺
责任印制　马小宾
封面设计　任燕飞工作室

出版发行　中国经济出版社
印 刷 者　北京力信诚印刷有限公司
经 销 者　各地新华书店
开　　本　710mm×1000mm　1/16
印　　张　11
字　　数　163 千字
版　　次　2022 年 11 月第 1 版
印　　次　2022 年 11 月第 1 次
定　　价　98.00 元
广告经营许可证　京西工商广字第 8179 号

中国经济出版社 **网址** www.economyph.com **社址** 北京市东城区安定门外大街 58 号 **邮编** 100011

本书为
国家自然科学基金项目（61731015，61672013）
陕西省自然科学基础研究计划项目（2021JQ-765）
西安财经大学青年英才发展支持计划
西安财经大学学术著作出版
资助项目

前　言

陶制文物在出土时大多已破碎，碎块数量多，且结构形状各异，大多存在缺损，采用人工方法进行拼接复原是一项周期长且难度大的工作。现在多采用三维扫描设备获取碎块的三维数据模型，并借助计算机技术实现文物碎块的虚拟匹配拼接。由于已有匹配方法对几何特征的完整性要求较高，并且存在特征单一、误差大以及效率低等弊端，因此，对文物碎块的匹配效果不佳。

本书针对刚体文物碎块的三维数据模型，主要研究基于断裂面上多特征的碎块匹配方法，将相邻碎块进行匹配拼接，从而实现文物的虚拟复原。全书共12章，主要内容包括：（1）文物虚拟复原概述。（2）文物碎块数字模型获取和预处理。（3）几何特征保持的碎块模型去噪。（4）基于几何属性和k-D树的碎块模型配准。（5）基于显著区域和二维形状特征的碎块分类。（6）基于凸脊分割线的断裂面提取。（7）五种碎块断裂面匹配方法：①基于ISS特征点的断裂面匹配方法；②特征区域与多参数ICP结合的断裂面匹配方法；③基于2D图像特征的断裂面匹配方法；④基于IDSC和SVD的断裂面匹配方法；⑤多特征融合的断裂面匹配方法。（8）研究总结和展望。

该书得到国家自然科学基金项目（61731015，61672013）、陕西省自然科学基础研究计划项目（2021JQ-765）、西安财经大学青年英才发展支持计划等项目的支持，其主要方法已应用于秦始皇陵兵马俑的虚拟复原工程中，并取得了良好的复原效果。同时，特别感谢西北大学信息科学与技术学院耿国华教授和周明全教授对本书撰写过程中提供的帮助和指导。

赵夫群

西安财经大学

2022年1月

目　录

第一章 文物虚拟复原概述

针对中华文化遗产的保护需求，通过采用虚拟现实、图形图像处理等信息科学新技术可以实现文物数字化和虚拟复原修复，为数字博物馆建设和数字考古等提供技术支持，同时为文物保护和古人类学的研究开辟新的途径。本章主要针对非薄壁类陶质文物的虚拟复原问题，介绍文物虚拟复原技术的研究背景；虚拟复原的基本流程（包括数据采集、数据预处理、数据配准、文物碎块匹配以及整体拼合等）；虚拟复原的研究现状（包括碎块分类、碎块外表面分割以及碎块匹配等）以及文物虚拟复原的研究意义。

第一节 引言

近年来，随着三维数据采集设备的普及、计算机技术的进步以及各种学科间的交叉渗透，对秦始皇陵兵马俑的复原研究也出现了许多新的方式和手段。计算机顶级国际会议 SIGGRAPH、ICCV 以及 EUROGRAPHICS 等都设有文物复原的相关专题，特别是随着第 39 届“计算机应用与考古学定量方法（CAA）”国际会议在北京的成功举办，标志着我国数字考古的交叉研究已初见成效。①

2009 年，秦始皇陵兵马俑一号坑第三次发掘的数字化建模与虚拟复原等代表性工作都涉及数字几何领域，基于模型的辅助文物复原研究已逐步展开，为遗址文物提供了数字化保护方案，文物数字模型的智能处理已成为该领域

① 李江涛，蔡啸天. 数字考古国际会议首次在亚洲召开［EB/OL］.（2011-04-15）.［2022-07-15］. 搜狐网. http：//news. sohu. com/20110415/n305890079. shtml.

研究的前沿与热点。①

第二节 文物虚拟复原的背景

陶器是人类发展史上最早的发明创造物之一，承载着丰富的历史文化信息，遍布于各主要的历史文化遗址。陶质文物是人类进化发展的重要历史物证，是世界文化遗产的重要组成部分，是东方文明的代表性文物之一。

作为陶质文物的典范，秦始皇陵兵马俑被誉为“世界第八大奇迹”，是我国考古史上的重要考古发现之一，为我国的政治、文化、军事和艺术等多个领域提供了丰富的史料。

由于秦朝末年战火的摧残、俑坑的倒塌、风化侵蚀和人为因素的影响，兵马俑在发掘出土时大多已破碎，如成堆瓦砾，碎块多而无序，如图 1-1 所示。传统的兵马俑修复均为人工修复，通过对碎块进行编号来对碎块间的邻接关系进行判断，以此实现碎块手工拼合，最后再用绳子将碎块固定，从而实现兵马俑复原，如图 1-2 所示。

图 1-1 K9901 坑发掘出土的兵马俑碎块

资料来源：西北大学可视化技术研究所（2015）。

① 许卫红，赵震，肖卫国，等. 再探大秦帝国 秦始皇兵马俑一号坑第三次发掘实录［J］. 科学世界，2012（8）：27.

图 1–2　兵马俑手工修复结果

资料来源：西北大学可视化技术研究所（2015）。

但是，由于兵马俑个头较大、彩绘容易脱落、碎块数量大且形状各异，因此，人工拼接修复实施难度非常大，经常“张冠李戴”，拼接误差在所难免。在兵马俑修复过程中，还需要进行物理打磨和化学粘接，一旦出现人工修复错误，纠正非常困难，可逆性差。此外，传统手工修复方法的记录手段单一、记载信息不全，仅凭编号做文档，从而导致出现修复周期长、拼接效率低、易二次损坏等问题，严重影响了兵马俑修复的速度和质量。

第三节　文物虚拟复原的流程

在文物虚拟复原工作中，只要获取了文物碎块的三维数据模型并预处理后，便可进行碎块匹配拼接工作。碎块匹配主要包含三个阶段，即碎块分类、断裂面提取以及断裂面匹配，其中碎块分类和断裂面提取是碎块匹配的前提，正确的分类和断裂面提取可以有效地提高碎块匹配的精度和速度。

一、碎块分类

兵马俑是一种较为复杂的文物模型，人俑不仅具有人形结构，而且具有不同的服饰、头冠和姿态等，不同类型人俑如图 1–3 所示。

图 1-3 不同姿态和类型的人俑

资料来源：西北大学可视化技术研究所（2015）。

要实现大量兵马俑碎块的自动匹配复原，首先需要确定碎块所属的部位类别，也就是对碎块按照人俑的身体部位进行分类，然后再在部位内拼接复原，可以大大提高碎块匹配的速度。这里主要针对人俑中的兵俑碎块进行分类，通常按照身体部位将兵俑碎块划分为 5 大类，即头部碎块、躯干碎块、裙摆碎块、上肢碎块和下肢碎块。

二、碎块断裂面提取

目前，对厚度不计碎片的匹配研究较多，大多通过碎片表面的纹理信息或断裂处轮廓线信息进行匹配。而对兵马俑类厚度不可忽略的文物碎块的匹配，很多碎块的表面纹理或颜色信息不明显，因此，借助其断裂面的几何信息进行匹配，是一种行之有效的方法。在碎块匹配前，需要提取出其断裂面。由于碎块的断裂面大多较原始表面粗糙，因此要采用一定的分割算法对碎块外表面进行分割，将其分割成多张曲面，然后对曲面的法矢扰动进行计算，依此来判断其粗糙程度，并根据粗糙程度识别出断裂面，从而实现碎块断裂面的提取。

三、断裂面匹配

断裂面匹配就是将两个碎块的断裂面通过匹配算法进行对齐的过程，一旦两个断裂面匹配成功，那么这两个碎块也就匹配成功了。断裂面匹配是碎块匹配的核心技术，匹配结果的准确率会直接影响到碎块匹配的效果。为了提高断裂面匹配的精度，通过采用先粗配、再精配的方式，将两个碎块的断裂面进行匹配。通常，粗匹配大多采用基于特征的匹配算法来实现，如轮廓线特征、区域特征以及点特征等；精匹配大多采用 ICP 算法或改进的 ICP 算法来实现，可以将两个碎块的断裂面进一步对齐，以达到碎块精确匹配的目的。

第四节　文物虚拟复原的研究现状

文物虚拟复原过程包含碎块三维模型获取、碎块模型预处理、碎块分类、碎块断裂面提取以及碎块匹配等多个方面，其中碎块三维模型获取和碎块模型预处理已经在前面做了介绍，接下来主要就碎块分类、碎块断裂面提取以及碎块匹配等三个方面的国内外研究现状进行分析。

一、碎块分类研究现状

对于兵马俑类文物，其碎块分类就是按照身体部位将兵马俑碎块划分为头部、躯干、裙摆、上肢和下肢等五大碎块类别的过程。分类方法有很多，既可以采用基于语义的分类方法，也可以采用基于内容的分类方法。通常前者采用人工方式对碎块进行标注分类，后者则是通过采集碎块三维数字化模型、模型特征提取、类别判断以及分类结果输出等过程来实现的，常用的碎块模型特征主要包括碎块的形状特征、表面纹理特征以及色彩特征等。①

目前，常用的三维模型分类方法主要有五种：基于决策树的分类方法、基于贝叶斯原理的分类方法、基于人工神经网络（Artificial Neural Networks，ANN）的分类方法、基于 K-邻近（K-Nearest Neighbour，KNN）的分类方法以及基于支持矢量机（Support Vector Machine，SVM）的分类方法。

---

① Shadid W G，Willis A. Bone fragment segmentation from 3D CT imagery［J］. Computerized Medical Imaging and Graphics，2018（66）：14-27.

（一）基于决策树的分类方法

对于基于决策树的分类方法，其分类规则采用树的形式来表示。在进行分类时，基于决策树的分类方法通过自上而下的数据对象的属性值比较来确定叶子的走向，进而通过树的叶子来表示其最终分类结果。常见的基于决策树的分类算法主要有 ID3 算法（朱颢东，2010）、SLIQ 算法（张海堂，2011）、CART 算法（Tang，2017）以及 C4.5 算法（Lee，2018）等，它们的主要区别体现在其决策树的构造策略、属性的判断方法以及剪枝算法等方面的不同。

决策树算法接近人类的思维方式，解释性较强，而且容易理解。该分类方法的主要优点有：①算法鲁棒性较好；②容易解释和理解；③对数据量的要求较小；④时间复杂度低；⑤可以处理的数据类别多；⑥为了验证模型的可靠性，可以使用统计检验来验证模型。

该分类方法的主要缺点有：①容易造成过拟合，需要通过剪枝策略来避免；②分类结果不够稳定，通常可以采用集成决策树来提高分类结果的稳定性；③该算法是基于启发式的算法，不能保证返回全局最优决策树；④学习者容易创建有偏异的树。

（二）基于贝叶斯原理的分类方法

基于贝叶斯原理的分类方法是利用贝叶斯理论来实现分类的方法，其中的朴素贝叶斯（Naive Bayes）算法是贝叶斯类分类方法中最具代表性的一种。[①] 该方法利用 Bayes 定理来预测数据对象属于各个类别的概率，然后将概率最大的类别作为该数据对象的类别，从而实现分类。

基于贝叶斯原理的分类方法的主要优点有：①分类效率稳定，这是因为其采用的数学原理较为成熟；②分类过程简单、速度快；③对数据完整性的要求较低。

该分类方法的主要缺点有：①执行效率受属性独立性的制约较大，属性

① Tang X Z, Shu Y Q, Lian Y Q, et al. A spatial assessment of urban waterlogging risk based on a weighted Naive Bayes classifier [J]. Science of the Total Environment, 2018 (630): 264-274.

独立性越高，分类效率也越高；反之，若属性较多或独立性较低，分类效率则会大幅度下降。②先验概率对该分类方法的准确性影响较高。

（三）基于 ANN 的分类方法

ANN 是一种模拟人类大脑神经突触联结结构的数学模型，它通过模仿人类的神经系统结构，将大量的逻辑节点连接成网络。[①] 目前 ANN 发展迅速，出现了许多的网络模型，如径向基（Radial Basis Function，RBF）神经网络以及反向传播（Back Propagation，BP）神经网络等。[②]

基于 ANN 的分类方法有如下主要优点：①分类准确率较高；②具有较强的数据并行处理能力；③学习能力强；④容错能力强；⑤对噪声不敏感；⑥鲁棒性较好；⑦有联想和记忆能力；⑧泛化能力好，适用于样本数量少、维度高的样本分类问题。

该分类方法的主要缺点有：①需要用户设定 ANN 的拓扑结构、初始阈值和节点的连接权值；②ANN 在分类过程中不能人为干涉，因而使得分类规则不易为用户所理解；③ANN 在学习过程中的耗时较长；④该方法不能保证达到预测效果。

（四）基于 KNN 的分类方法

基于 KNN 的分类方法通过对样本实例间距离的度量来确定待分类对象的分类属性，它需要不断地调整数据的分类分布以获得理想的分类结果。[③]

基于 KNN 的分类方法有如下主要优点：①KNN 方法简单、有效，训练耗时较短；②时间和空间复杂度均符合线性规律；③适合对样本集重叠较高的数据进行分类，这是由于 KNN 方法对数据对象的分类主要取决于待分类对象到样本集之间的距离；④适合样本数量较大的数据对象的分类。

---

① 焦李成. 神经网络系统理论［M］. 西安：西安电子科技大学出版社，1990：12-80.

② Zhang R，Duan Y，Zhao Y，et al. Temperature compensation of Elasto-Magneto-Electric（EME）sensors in cable force monitoring using BP neural network［J］. Sensors，2018，18（7）：2176-2188.

③ Venkatesan C，Karthigaikumar P，Varatharajan R. A novel LMS algorithm for ECG signal preprocessing and KNN classifier based abnormality detection［J］. Multimedia Tools and Applications，2018，77（8）：10365-10374.

该分类方法的主要缺点有：①该方法对样本数量较小的数据对象的分类效果较差；②KNN 采用的是懒散学习方法，输出结果的可解释性不强；③该方法的计算量较大，可以通过提高 KNN 方法的效率来删除样本集中对分类效果影响不大的样本。

（五）基于 SVM 的分类方法

SVM 是一种基于统计学习理论的分类方法，通常用于机器学习（Machine Learning）中。① SVM 是一种监督式学习（Supervised Learning）方法，主要用于解决统计分类（Classification）问题和回归分析（Regression）问题。SVM 是一种线性分类器，被认为是提克洛夫规范化（Tikhonov Regularization）方法的一个特例。该分类方法能够同时最小化经验误差与最大化几何边缘区，因此，SVM 也叫最大边缘分类器。

基于 SVM 的分类方法有如下主要优点：①该方法基于非线性映射理论，并利用内积核函数代替向高维空间的非线性映射；②该方法不涉及概率测度及大数定律等理论，是一种小样本学习方法，具有坚实的理论基础；③该方法可以实现从训练样本到预报样本的传导推理；④该方法可以有效避免“维数灾难”；⑤该方法的算法简单，具有较好的鲁棒性。

该分类方法的主要缺点有：①该方法对大规模训练样本难以实施；②该方法对多分类问题的解决较为困难。

对于兵马俑类文物的三维数据模型，目前主要有两种常用的碎块分类方法：基于单个模型的分类方法和基于一组同类模型集合的一致性分类方法。②③④ 通常，基于单个模型的分类方法，利用模型的几何特征，将一个三

---

① 马跃峰，梁循，周小平. 一种基于全局代表点的快速最小二乘支持向量机稀疏化算法［J］. 自动化学报，2017，43（1）：132-141.

② Kalogerakis E，Hertzmann A，Singh K. Learning 3D mesh segmentation and labeling［J］. ACM Transactions on Graphics（TOG），2010，29（4）：1-12.

③ Xu Y，Tuttas S，Hoegner L，et al. Voxel-based segmentation of 3D point clouds from construction sites using a probabilistic connectivity model［J］. Pattern Recognition Letters，2018，102（1）：67-74.

④ Hu R，Fan L，Liu L. Co-segmentation of 3D shapes via subspace clustering［J］. Computer Graphics Forum，2012，31（5）：1703-1713.

维数据模型分割成若干个数目有限、各自连通且各自具有简单形状意义的子部分。

基于单个模型的分类方法大多采用聚类的方法来实现，通常使用单一的特征对模型部位进行分割。该方法适用于具有明显主体分支结构的三维模型分割，因此适用性不强。此外，根据模型的不同，基于单个模型的分类方法对其进行分类的方法也不相同，被分割出来的粒度也不相同。而一致性分类方法则是对一类几何结构相似的模型进行分类，该方法有利于提取模型的显著性特征，使特征明显的碎块模型可以帮助特征不够明显的碎块模型实现分类。由于兵马俑碎块的数量庞大，并且成堆的碎块往往来自多个不同的兵马俑，对碎块三维数据模型的特征提取的计算量也大，因此，一致性分类方法更适用于兵马俑碎块的分类。通常，兵马俑碎块是按照身体部位进行分类的，分为上肢、躯干、裙摆、头部和下肢等五大类别，如图 1-4 所示。

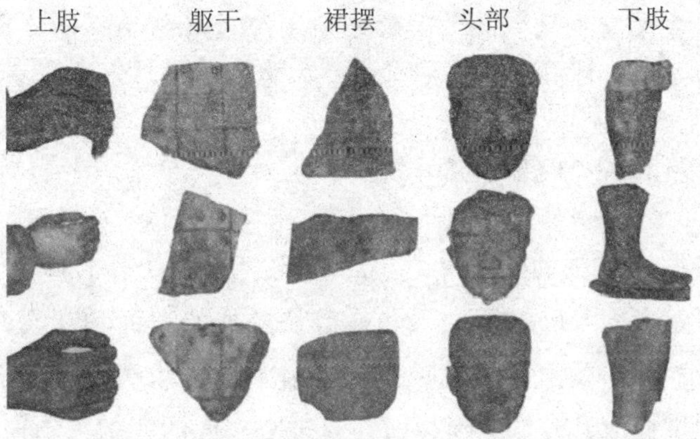

图 1-4　兵马俑碎块分类结果

资料来源：根据西北大学可视化技术研究所提供的数据整理而得。

目前，兵马俑碎块分类大多采用基于形状的分类方法，主要包括基于表面纹理特征、轮廓线特征以及语义特征等分类方法。比如，采用三维纹理直方图模型表示兵马俑碎块外表面的纹理特征，并利用 SVM 实现碎块的自动分类（李孟，2009）；采用基于内容的图像分类技术，实现碎块二维图像分类

(Bosch, 2007);采用基于母线相似度的碎块分类方法,可以解决纹理油彩特征丢失碎块的分类问题(欧阳磊广,2007);利用轮廓关键点集的分类方法,可以解决非线性失真的碎块模型分类问题(杨小军,2010);针对三维模型的语义分类和检索,采用高斯过程实现三维模型语义的分类方法(高波涌,2010);基于图像形状轮廓特征描述器,采用轮廓点直方图进行图像检索(Shu, 2011);采用基于表面形状特征聚类的兵马俑碎块分类方法,可以实现纹理特征明显碎块的有效分类(杨戈,2014);根据薄壁文物碎块的特点,将青铜器碎块分为二维碎块和三维碎块两大类,可以为后续的碎块拼接提供良好的分类基础(Lin, 2016)。

上述的碎块分类方法大多仅考虑了单一的特征表示方法,采用的分类器也主要是传统的支持向量机、贝叶斯分类器等,而且大多数的分类算法都依赖于先验知识,从而造成在小样本和高维空间情况下的分类效果不佳的问题。兵马俑碎块表面纹理复杂、轮廓粗糙且存在几何缺失,因此,上述方法更容易对兵马俑碎块模型的分类产生误分现象。综合考虑兵马俑碎块模型的多种特征,采用基于多特征的分类方法是兵马俑碎块模型分类的一个有效方法。

二、外表面分割研究现状

在提取兵马俑碎块的断裂面之前,首先要对碎块外表面进行三维分割,然后划分出原始表面与断裂面。兵马俑碎块的原始表面和断裂面相比,原始表面比较光滑,而断裂面明显比较粗糙。由于兵马俑属于厚度不可忽略的刚体,因此,通过提取其碎块的断裂面并通过断裂面的匹配来实现碎块的匹配,不仅可以降低碎块匹配的难度,而且可以提高碎块匹配的效率。物体三维模型分割已经被广泛地应用于三维重建以及形状识别等领域(雒赫,2014;Mi-andarhoie, 2017)。早在 20 世纪 90 年代,三维模型分割就被提出来了,但是当时的分割均为手工分割,后来,随着三维模型分割技术的发展,出现了半自动化或自动化的三维模型分割,开始主要用于二维图像分割,后期才应用到了三维模型的分割上。①

目前，常用的物体三维模型分割方法主要包括三大类，即分水岭算法（赵宗泽，2016）、区域生长算法（仇清涛，2017）和迭代聚类算法（徐辉，2014）等。比如，基于分水岭的曲面分割算法适用于三角网格模型的曲面分割，可以较好地解决过分割现象，但有时会出现将平坦区域进行错误分割的现象（Mangan，1999）；后来出现的改进分水岭分割算法，通过利用二面角提取曲面特征边的方式来实现三维模型外表面分割，可以有效解决分割过程中边界不准确的问题（Razdan，2003）；采用基于矢量平均法区域生长算法对碎块外表面进行分割，并通过对曲面的深度图像进行拉普拉斯锐化来区分碎块的原始表面和断裂面（Papaioannou，2003）；利用 K-means 算法实现曲面分割，可以有效提高曲面分割的精度和效率（Shlafinan，2003）；基于 K-means 分割算法，可以通过将三维模型的局部区域进行平面拟合实现分割（Cohen-Steiner，2004）；利用曲面的曲率特征提取特征边界，并通过选择非特征区域来实现最终的曲面分割（Vieira，2005）；后来又对 K-means 分割算法进行了进一步改进，并使用球面、滚动球面以及圆柱面等多种曲面来拟合三维模型的局部区域，从而实现了更加精确的曲面分割（Wu，2005）。

此外，还可以利用特征区域来提取三维模型的骨架结构，实现在逆向工程应用中的网格分割（Rossl，2000）；利用 Dijkstra 最短距离算法和法向量，将网格分割应用到纹理分割中（Petitjean，2002）；通过提取特征点，可以实现三角网格模型的分割（Katz，2005）；利用改进的随机游走方法，可以实现交互式和自动形状的模型分割（Lai，2008）；利用金字塔形状作为三维模型分割的基本形状，并将其分解为一定数量的金字塔形状分块，可以发挥其在 3D 打印领域的优势（耿国华，2016）；利用基于粒子群优化的模糊聚类分割方法，可以实现点云模型的区域分割，解决分割中的锯齿边界问题（王晓辉，2017）。部分匹配方法还被应用到了三维模型分割中，并基于部分匹配实现标签传递（Kreavoy，2007；Yuri，2008；Shapira，2010）。基于凸域感知的非参

① Ye L, Wu B. Integrated image matching and segmentation for 3D surface reconstruction in urban areas [J]. Photogrammetric Engineering and Remote Sensing, 2018, 84 (3): 135-148.

数方法，其性能优于随机游走分割算法，具有良好的三维模型分割结果（Au，2012）；利用基于改进 Ostu 的模型分割算法，可以有效降低模型分割的时间复杂度，提高模型分割的准确度（韩志斌，2010）。

除了对以前模型分割算法的不断改进，学者们还提出了许多新的三维模型分割算法。比如，基于数据驱动的模型分割方法，可以实现三维形状的分段和标注（Kalogerakis，2010）；基于马尔可夫随机场算法的三维模型分割算法，将其与图像分割算法相结合，可以实现三维模型的准确分割（徐胜军，2013）；基于模糊熵和模拟退火算法的模型分割算法，利用双重阈值实现了三维模型的有效分割（郑毅，2014）；基于极限学习机的三维模型快速分割算法，实现了无监督的三维模型的有效分割（Xie，2015）。另外，随着深度学习的不断发展，很多研究者还将深度学习方法成功应用到了三维模型的分割中，如自适应数据选择的深度学习算法（Yang，2018）、结合全卷积神经网络和递归神经网络的深度学习算法（Zhao，2017）等。

虽然目前已经提出了很多三维模型外表面分割算法，但是其分割技术依旧不够成熟，甚至还存在过分割及分割无意义的情况；有些算法的分割结果不能很好地参数化；还有些算法只能面向特定的三维数据模型，不具有普适性。因此，研究三维模型分割算法依旧是图形图像处理领域中的必要研究课题。

三、碎块匹配研究现状

兵马俑破碎后会随机形成若干个任意形状的碎块，破碎兵马俑的复原问题就是将这些碎块按照某种方法进行匹配拼接的过程。两个碎块的匹配就是通过某种方法寻找一个三维刚体变换，使得两个待匹配碎块的断裂面的共同部分能够正确匹配和拼接的过程。① 目前，碎块匹配已经在考古研究（李群辉，2012；蔺素珍，2016）、雷达影像处理（陈思颖，2016）、生物工程（Makinen，2010）等领域得到了广泛的应用。

① 李婷婷，汤进，江波，等. 迭代的图变换匹配算法［J］. 中国图象图形学报，2014，19（5）：723-729.

整体来说，碎块的匹配过程可以分为粗匹配和精匹配两个阶段。粗匹配就是将两个碎块的断裂面进行粗略对齐的过程，它能为精匹配带来较好的初值；而精匹配就是指将粗匹配后的两个碎块进行进一步对齐的过程，从而完成两个碎块的精确匹配。在碎块粗匹配算法中，通常采用曲面的特征进行匹配，如曲率（蔺素珍，2016）和法向（Miu，2005）特征，它们具有旋转和平移不变性，但是离散曲率对噪声敏感，会带来一定的误差。轮廓曲线也是曲面特征描述的一种重要方法，只要正确提取并匹配了刚体碎块断裂面的轮廓曲线，那么两个碎块就匹配好了，但是对于轮廓曲线不明显的碎块，该方法并不适合（王洋，2016；李群辉，2016）。另外，还可以利用积分不变量来描述刚体碎块断裂面凹凸不平的几何特征，通过对断裂面上或凸或凹的显著性区域的匹配来完成两个碎块断裂面的匹配（Pottmann，2009）。

在碎块精匹配算法中，迭代最近点（Iterative Closest Point，ICP）算法也得到了较为广泛的应用，该方法通过对两个断裂面上的顶点进行配准来完成两个碎块的断裂面的匹配（Besl，1992）。ICP 算法步骤简单，易于实现，但是在数据量较大时需要的迭代时间比较长，而且对两个待匹配点集的初始位置要求较高，抗噪性也不好。针对 ICP 算法中存在的这些问题，国内外学者提出了许多改进的 ICP 算法，比如，尺度迭代最近点（Scaling Iterative Closest Point，SICP）算法，该算法将一个带有边界的尺度矩阵加入 ICP 算法中，解决了不同尺度情况的点云数据的配准问题（Du，2010）；将模拟退火搜索与标准稀疏 ICP 算法结合，可以高效地解决优化问题，具有较强的抗噪性，能较好地解决两个几何表面的配准问题（Mavridis，2015）；基于概率模型的概率迭代最近点（Probability Iterative Closest Point，PICP）算法，该算法具有较强的抗噪性，可以大大提高点云模型的配准精度和速度（Du，2015）；虽然这些改进的 ICP 算法在收敛速度、精度和抗噪性等方面都得到了较大程度的提高，但是对于一些特殊刚体碎块（如兵马俑碎块）的匹配效果并不十分理想。

在兵马俑碎块匹配拼接方面，西北大学文化遗产数字化国家地方联合工程研究中心也做出了突出的贡献。该中心承担了多项国家级的文物数字化复原项目，尤其在兵马俑等刚体文物的虚拟复原方面取得了很大的成绩。比如，利用碎块断裂面上的轮廓线，实现兵马俑碎块匹配拼接（茹少峰，2003）；运用傅里叶变换实现碎块边缘轮廓线的分段匹配，从而将兵马俑碎块进行了精确对齐（吕科，2003）；首次提出了内轮廓线和外轮廓线的概念，并将其成功地应用到兵马俑碎块匹配中（樊少荣，2005）；利用B-样条曲线实现碎块轮廓线的拟合，并通过空间曲线的匹配达到兵马俑碎块匹配的目的（杜建丽，2005）；利用曲线和曲面的匹配方法，通过小波轮廓描述符和碎块表面的脚标实现碎块的两两匹配（周术诚，2007）；基于特征点的断裂面匹配方法，实现了兵马俑碎块的精确匹配（孟秋晴，2013）；基于特征轮廓约束的断裂面匹配方法，实现了兵马俑碎块的精确匹配（李静，2015）；基于空间模板的轮廓线匹配方法，提高了碎块的匹配效率（刘军，2014）；基于变尺度的点云优化配准算法，并将该算法成功地应用到了兵马俑碎块的匹配中（赵夫群，2017）；基于轮廓曲线和特征区域的碎块匹配方法，有效提高了兵马俑碎块断裂面的匹配精度（赵夫群，2018）。

第五节　文物虚拟复原的意义

兵马俑属刚体，破而不改质，碎而不变形，具有几何形态的可修复性。在计算机辅助兵马俑修复的过程中，首先需要获取兵马俑碎块的数字化模型，然后根据碎块数据模型的表面特征或者断裂面特征，采用一定的匹配算法来实现碎块的匹配拼接，由此实现兵马俑的虚拟修复。虚拟修复可以在不破坏兵马俑碎块的基础上实现碎块虚拟拼接，具有较高的匹配精度和速度，并且具有可逆性，可以克服传统手工修复的缺点，并为兵马俑实物复原提供技术指导和支持。计算机辅助兵马俑虚拟修复的结果如图1-5所示。

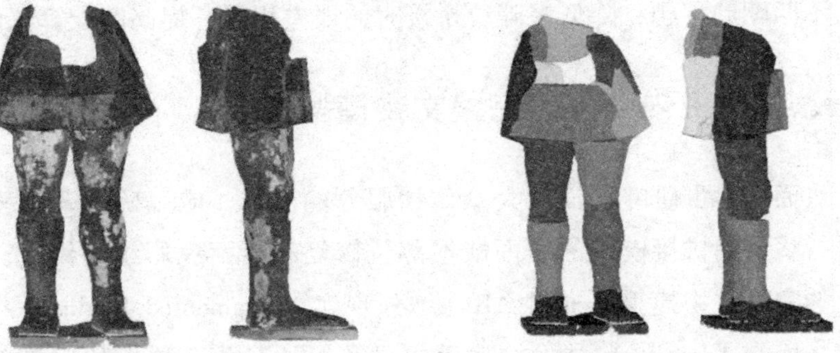

（a）纹理修复结果　　　　（b）彩色表示结果

图 1-5 计算机辅助兵马俑虚拟修复结果

资料来源：西北大学可视化技术研究所（2015）。

由于兵马俑碎块数量大，拼接修复运算复杂，而现有的虚拟复原方法还存在途径单一、匹配效率偏低、质量欠佳等不足，所以高性能模型智能处理方法研究成为推动该问题解决的关键。因此，兵马俑的虚拟复原具有重大的研究意义，具体体现如下：

一、实现数字化保护

兵马俑虚拟复原可以实现数字化保护，而数字化保护的核心是精准建模。兵马俑碎块具有形状复杂、表面侵蚀严重且属性多样等特点，亟待突破其形状模糊、特征缺失的模型表示、碎块特征不易提取和表示等问题。而三维激光扫描技术能够获取兵马俑碎块的高精度数据，可以基于数字几何进行精准建模，并支持在模型特征空间上的系列计算。

二、进行模型空间匹配优化

针对大量兵马俑碎块虚拟拼接难度大的问题，可以进行模型空间匹配策略优化、匹配算法优化以及匹配指导优化。首先，研究待拼接碎块候选集的智能分类方法，降低候选集的规模，解决穷举式拼合策略的盲目性问题；然后，研究基于多特征或基于模板的碎块匹配新方法，解决部分特征信息缺失和碎块不匹配的难题，降低多碎块拼接时的误差积累，提高匹配算法的效率。

三、构建由内到外的完整文物模型

针对面向考古研究和面向公众传播服务的需求，应以碎块匹配模型为基础，进行兵马俑拼接模型的表面缺损部位修复和表面色彩纹理修复，构建由内到外的完整文物模型。通过 AR（增强现实，Augmented Reality）/VR（虚拟现实，Virtual Reality）技术构建面向研究保护和公众传播的服务平台，为研究人员提供兵马俑的多维度呈现，以多种方式为公众呈现不同保护阶段的兵马俑形态。

第六节　研究内容和创新点

一、研究内容

由于已有碎块匹配方法对几何特征的完整性要求较高，并且存在特征单一、误差大以及效率低等弊端，本研究主要采用多特征的文物断裂面匹配方法。具体研究内容如下：

（一）碎块分类和断裂面提取

首先，提出一种基于表面区域特征和二维形状特征的碎块分类方法，采用由粗分类到细分类的方式，将大量兵马俑文物碎块按照身体部位划分为头部、躯干、裙摆、上肢和下肢等五大类，以此来解决传统分类方法对兵马俑碎块分类准确率低的问题；其次，提出一种基于分割线的碎块断裂面提取方法，通过提取分割线将碎块外表面划分为多张曲面，并根据粗糙程度识别出原始表面和断裂面；最后，通过实验验证所提碎块分类和断裂面提取方法的有效性。

（二）碎块断裂面匹配

（1）针对由碎块模型数据量大而引起的匹配效率低的问题，提出一种基于ISS特征点的碎块断裂面匹配方法。

首先，提取断裂面上邻域半径约束的ISS特征点，对特征点的特征序列进行计算，并通过对特征序列的匹配实现断裂面粗匹配；其次，采用一种尺度ICP算法对特征点集进行进一步匹配，以实现断裂面的精匹配，从而达到碎块精确匹配的目的；最后，通过实验验证该领域半径约束ISS特征点提取算法在断裂面匹配中的性能。

（2）针对噪声含量大的碎块模型的匹配问题，提出一种特征区域与多参数ICP结合的碎块断裂面匹配方法。

首先，利用体积积分不变量计算出顶点的凹凸性，通过对凹凸点进行聚类来提取断裂面上或凹或凸的特征区域，并通过对特征区域的相似性判断来实现断裂面粗匹配；其次，通过加入高斯分布模型、角度约束和动态迭代系数等多种参数来改进ICP算法，并采用多参数ICP算法实现对断裂面的精匹配；最后，通过对公共碎块和文物碎块数据模型的匹配来验证算法在抗噪性和收敛性等方面的性能。

（3）针对断裂面覆盖率较低的兵马俑碎块，提出一种基于2D图像特征的碎块断裂面匹配方法。

首先，采用一种基于区域层次的点云配准算法，通过区域划分和区域匹配将碎块断裂面初步对齐；其次，将断裂面的三维点云数据转换成二维图像，并采用SURF算法提取其二维图像的特征，求解匹配像素点对；最后，根据二维匹配点获取相应的三维点云相关点，并计算出刚体变换，由此实现对兵马俑碎块的最终精确匹配。分别对公共点云数据模型配准和兵马俑碎块匹配进行算法验证，该匹配方法不仅适用于不同视角获取的低覆盖率公共点云模型的配准，而且对低覆盖率断裂面的文物碎块模型也有良好的匹配效果。

（4）为了克服基于单一特征碎块匹配方法中匹配精度不够高的问题，提出一种多特征融合的碎块断裂面匹配方法。

首先，提取碎块断裂面上的轮廓线并对其进行分段，再通过对轮廓线段的匹配将碎块断裂面初步对齐；其次，提取断裂面上的曲率、法线以及点云密度等多种几何特征，并将其加权融合；最后，采用多特征融合的匹配算法，实现断裂面的精匹配。

二、研究创新点

基于以上研究内容，本研究的主要创新点如下：

（一）提出一种邻域半径约束的 ISS 特征点提取算法

该算法以经典 ISS 算法为基础，引入了邻域半径约束条件，即设定点云的点在局部坐标系内的搜索半径，并对该点相对于搜索半径范围内所有点的权值进行计算，再对加权协方差矩阵的特征值进行计算，选取特征值满足条件的点为 ISS 特征点。该算法可以更加有效地提高特征点提取的精度和速度。

（二）提出一种多参数 ICP 算法

该算法引入了高斯分布模型、角度约束和动态迭代系数等参数，建立了一种新的目标优化函数，不仅可以有效抑制噪声点对断裂面匹配结果的影响，而且动态调整迭代系数的方式可以较大程度地提高算法的收敛性和匹配速度。

（三）提出了 BA 图像（方位角图像，Bearing Angle Image）的概念，并将其用于三维点云到二维图像的表达

BA 图像不同于深度图像，它不仅可以有效表示三维点云中的点及其邻域点之间的关系，而且能够突出由角度形成的边缘，因此，可以从中提取更多的信息。通过将碎块断裂面的三维点云数据转换成二维的 BA 图像，可以在三维点和二维像素之间建立起一对一映像关系，并通过 BA 图像像素匹配点对的求解得到三维点云数据模型的刚体变换，从而实现断裂面匹配。

（四）提出了多特征融合的断裂面匹配方法

采用碎块断裂面上曲率、法向夹角以及点云密度等多特征融合的方式，对特征参数进行计算，对曲率系数、法向、点云密度等对断裂面匹配结果的影响进行研究。该方法可以克服基于单一特征的断裂面匹配方法的匹配效果

不佳的问题，能够有效提高文物碎块断裂面的匹配精度。

第七节　本章小结

虚拟修复可以改变传统仅由实体修复的工作模式，建立虚实结合的新方法。“以虚拟复原为主，实体复原为辅”的修复方式符合数字化考古的大趋势，既可展现破损文物的复原全貌，也可以看到其前世今生，为实体考古复原提供示范与指导，打破传统实体在时间和空间上的局限性，彰显珍贵文物文化传承的社会价值。因此，基于虚拟现实的破损文物复原可以使秦始皇兵马俑阵列再现雄姿，使碎块可以拼起来、“站”起来、“动”起来，突破展示时空和地域的限制，提升遗存文物文化的影响力。

第二章　文物碎块数据模型获取和预处理

为了实现破碎文物的虚拟复原，首先需要获取碎块的数字模型，并将其存储于计算机中，然后再在计算机上对其进行预先处理、配准以及匹配拼接复原等工作。本章主要介绍文物碎块数据模型获取的方法、分析数据模型的特点，并对常用的模型去噪、简化和孔洞修补等预处理技术进行简要介绍。

第一节　引言

有史以来，人们进行了许多与文物有关的活动，如发掘、流转、收藏、展示和研究等。在这些活动中，人们最常接触、参与人数最多的形式就是参观展览。人们通过参观公共收藏机构或个人举办的展览，来了解和获取有关文物的知识和信息，满足自身包括认知、审美等多方面的需求。

近年来，随着科学技术的不断进步，文物展示已经和众多新科技手段相融合，并产生了新的展示形式——数字化展示，且已经日臻成熟。通过数字化技术手段可以实现对文化遗产客观完整的数字化存档，对破损文物进行虚拟修复并进行真实有效的展示。同时，文物数字化保护也是文化遗产保护的重要手段，也是永久保护的唯一途径。因此，获取文物的数字化模型并进行预处理是后期虚拟复原、展示和保护的前提。

本章主要介绍破损文物虚拟复原的第一个步骤——文物碎块数字化模型的获取和预处理。其中，文物碎块的数字化模型采用三维激光扫描仪进行获取，数据模型的预处理主要介绍模型去噪、模型简化和孔洞修补等技术，为后期文物的虚拟复原提供数据基础。

第二节　碎块数据模型获取

在对文物碎块进行数据采集的过程中，为了减少人为因素对其造成的二次损坏，通常采用非接触的方式进行采集。目前，获取物体三维数据模型的方式主要有以下三种：

一、手工建模法

手工建模即利用 MAYA 或 3D MAX 等三维建模软件来获取物体的三维数据模型的过程。虽然该方式获取的三维数据模型较为规则，但其精细程度不够，对美工要求较高，且工作量较大。

二、利用物体的二维图像实现三维重建

该方式需要利用大量的二维图像实现三维模型重建，虽成本较低，但建模效率也低，真实感较差，因此该方法在应用中也受到一定程度的限制。

三、利用三维激光扫描设备采集物体的三维数据模型

利用该方式获取三维数据模型快捷、方便，不接触文物即可获取文物表面的几何信息和纹理信息，快速建立文物的三维模型；而且模型准确，能够真实再现具有不规则纹理和凹凸表面的物体。目前，该方法已经被广泛应用于文物复原和虚拟展示领域。

对于出土的兵马俑碎块，由于其形状和表面纹理较为复杂，不能简单地采用三维建模软件进行建模，而利用二维图像进行三维建模的方法也过于复杂和耗时，因此，采集兵马俑碎块三维数据模型的最佳方法就是利用三维激光扫描仪进行获取。加拿大手持式 Handyscan3D 激光扫描仪是常用的三维数据模型获取工具，该扫描仪具有体积较小、携带方便等优点，扫描分辨率较

高。在使用该扫描仪之前，需要在被扫描的兵马俑碎块上粘贴一定密度的定位靶，如图 2-1 所示，然后通过捕捉定位靶的反射实现相对定位。

图 2-1　定位靶

资料来源：西北大学可视化技术研究所（2015）。

此外，该扫描仪还自带建模软件，可以实时获取碎块表面上任意点的坐标，同时生成被测碎块的多边形网状结构，并在屏幕上显示兵马俑碎块的三维重建影像。使用该扫描仪对碎块扫描完成后，即可输出 obj、stl、ply、3ds 或 wip 等多种格式的文件。此外，该扫描仪还自带照相功能，可以获取被测碎块的纹理信息，为后期基于表面纹理特征的碎块分类提供良好的数据基础。

以兵马俑的一个俑头部碎块为例，采用 Handyscan3D 激光扫描仪获取的三维数据模型如图 2-2 所示，其中，图 2-2（a）为俑头部的点云数据模型，图 2-2（b）为俑头部的三角网格数据模型，图 2-2（c）为俑头部的实体模型。

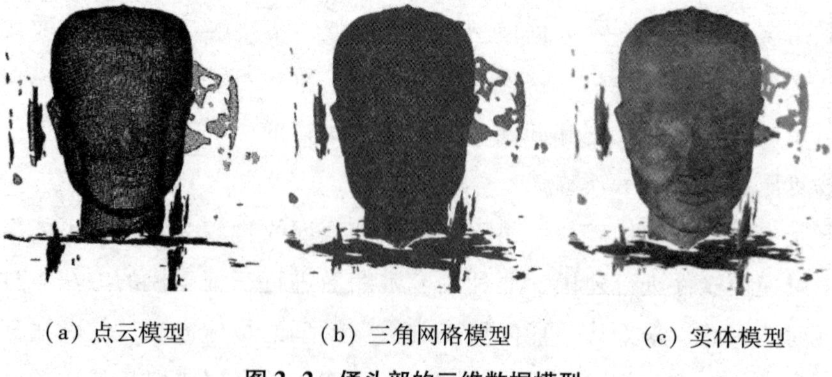

（a）点云模型　　（b）三角网格模型　　（c）实体模型

图 2-2　俑头部的三维数据模型

资料来源：西北大学可视化技术研究所（2015）。

通常，对碎块的一次扫描并不能获取碎块的完整数据信息，因此，需要对同一碎块进行不同角度的多次扫描，并将多次扫描得到的三维数据模型进行配准，才能得到碎块的完整数据信息。

第三节　碎块模型的特点

目前，网络上有许多公开的碎块数据模型，如斯坦福大学提供的灰泥和石头碎块模型，这些公共碎块数据模型的数据分布较为均匀，噪声较小，表面较为光滑，不同碎块的数据量差异不大，基本不存在孔洞和外点。而本书采用的兵马俑碎块的三维数据模型均为 Handyscan3D 激光扫描仪实地采集的初始数据模型，在碎块数据模型获取的过程中，容易受到噪声、温度、湿度、光照以及遮挡等多种因素的干扰，从而使得部分数据受损。因此，兵马俑碎块数据模型不同于公共碎块数据模型，它具有如下特点：

一、碎块数量多，形态差异大

发掘出土的兵马俑大多呈破碎状态，如成堆瓦砾，碎块大小不一，形状各异，很多碎块的表面纹理特征不明显或者部分缺失，而且部分碎块的断裂面还存在一定程度的缺损，因此，匹配拼接难度较大。

二、碎块模型数据量大

由于碎块数据模型由三维激光扫描设备获取，均为高精度的点云模型或三角网格模型，因此，其数据规模较大。在对兵马俑碎块模型进行匹配拼接时，只需要提取出必要的特征即可实现邻接碎块的搜索和对齐，因此，对碎块模型进行适当简化，可以有效提高碎块匹配的效率。

三、噪声含量高

通常，通过扫描获取的兵马俑碎块三维数据模型均含有大量的噪声，一部分噪声是由物理测量误差导致的，称为客观噪声；另外一部分噪声是由现场无关物的干扰引起的，称为主观噪声。主观噪声主要是由于兵马俑碎块表面携带较多的泥土杂质所引起的，而且为了得到更加完整的碎块数据模型，扫描者往往会扩大扫描范围，就会使得被测物体之外的无关数据误入扫描范围内，因此进一步加大了主观噪声。

四、孔洞数量多

兵马俑碎块本身形状各异，较为复杂，而且部分凹凸面不够规则，甚至存在空腔，因此，碎块表面的很多地方无法全部扫描到；同时，碎块表面的某些区域可能对激光的反应较差，容易被扫描仪识别成“盲区”，从而产生形状各异、大小不一的孔洞。对于兵马俑碎块的三角网格数据模型，若不存在孔洞，它应该是一个封闭的曲面，即每一条边是两个三角面片的公共边。若存在孔洞，就会出现至少一条边只能作为一个三角面片的边的情况。

五、同一碎块扫描次数多

由于一次扫描很难获取整个兵马俑碎块的完整信息，因此，需要对同一碎块进行不同角度的多次扫描，并对多次扫描得到的三维数据模型进行多视角配准，从而获得整个碎块的完整数据模型。对于较小的碎块，通常对其进行正反两次扫描即可；而对于较大的碎块，则需要进行不同角度的多次扫描，才能获取其完整的数据信息。

第四节　模型预处理

一、模型去噪

基于以上对兵马俑碎块数据模型特点的分析，因此，在匹配之前，首先需要对碎块模型进行去噪、简化以及补洞等预处理，以获取完整有效的碎块数据模型，为后期的碎块匹配拼接提供稳健的数据基础。下面首先介绍模型去噪技术。

对于兵马俑碎块数据模型中存在的客观噪声和主观噪声这两类噪声，其采用的去噪方法也各不相同。通常，消除客观噪声可以采用平滑或去噪方法进行，常用的去除客观噪声的方法主要有 k-D 树（张毅，2009）、空间栅格法（Wang，2016）、K-邻域搜索算法（Ma，2017）以及 Laplace 方法（付德敏，2017）等。对于主观噪声，可以采用三维模型处理软件对其进行手动去噪，也可以采用算法去噪（第三章提出一种几何特征保持的点云去噪方法）。以一个兵马俑头部碎块的三角网格模型为例，采用 Geomagic Studio 2012 软件进行手动去噪，其手动去噪效果如图 2-3 所示。

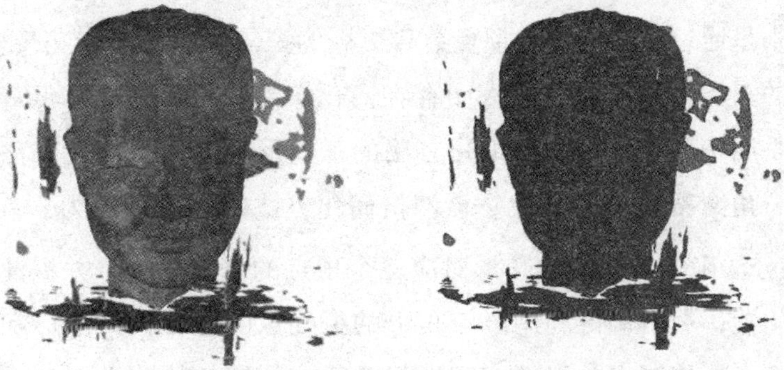

（a）去噪前的实体和三角网格模型

图 2-3　兵马俑头部碎块模型去噪

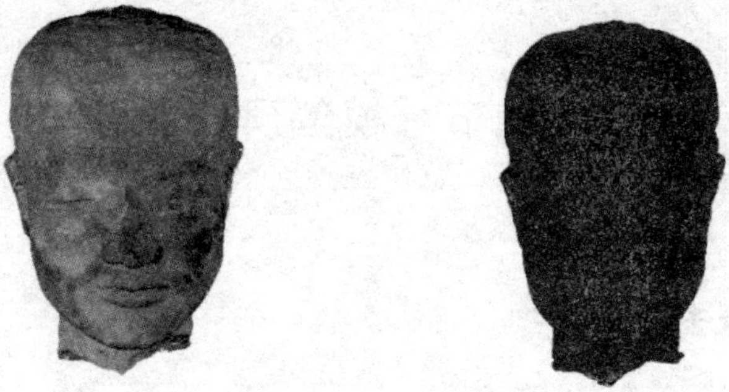

（b）去噪后的实体和三角网格模型

图 2-3　兵马俑头部碎块模型去噪

资料来源：西北大学可视化技术研究所（2015）。

二、模型简化

三维模型在 3D 打印以及文物虚拟复原等领域的应用十分广泛，但其数据量较大，不利于存储、传输、计算和展示，因此，需要在保持数据模型必要特征的基础上对其简化。下面分别以兵马俑碎块的三角网格模型和点云模型为例，介绍其简化方法。

对于三角网格模型，常用的模型简化方法主要有元素删除法、元素折叠法和网格重绘法等三大类。元素删除法通过删除点或三角形来实现模型简化，元素折叠法通过折叠原始三角网格模型的边或三角形来实现模型简化，而网格重绘法则是通过重新绘制含顶点数目更少的三角网格模型来实现模型简化。目前已有的三类网格简化方法大多存在简化误差大、简化效率低等缺点，因此，这里采用一种结合网格精细化方法的三角形折叠网格简化方法来实现兵马俑碎块三角网格模型的简化。该网格简化方法的基本思想为：首先，利用 $\sqrt{3}$ 网格细分法确定待折叠三角形对应三个顶点的修正坐标，并据此确定折叠点的初始位置；然后，再利用原三角形的折叠点的拉普拉斯坐标和法向信息来更新折叠点的位置，并根据三角形折叠后该区域的体积误差和被折叠三角形的平展度来确定折叠代价，从而使网格优先从较为平坦和特征点较少的区域开始依次进行三角形折叠简化。① 该方法在有效保持原网格模型几何特征的基础上，达到了较高的简化效率。采用该简化方法，对一个俑头部碎块的三角网格模型进行简化处理，由简化前的 40638 个三角形简化为 20319 个三角形，简化结果如图 2-4 所示。

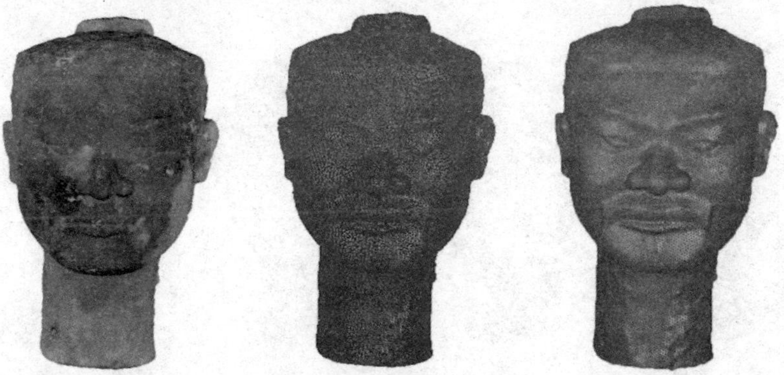

（a）实体　　（b）原始模型　　（c）简化模型

图 2-4　三角网格模型简化

资料来源：西北大学可视化技术研究（2015）。

对于三维点云模型，目前也提出了很多简化方法，既可以根据简化密度和曲面变分进行简化，也可以根据点数和表面变化系数对点云递归分块后再进行简化，也可以根据点的曲率值进行简化，还可以采用分割式聚类算法实现点云简化。② 对于公共点云数据模型，以上这些传统的点云简化算法均能在较好地保持特征的基础上实现点云的有效简化，但是对于复杂的兵马俑碎块点云模型的简化效果还有待提高。

鉴于此，这里采用保留几何特征的点云简化算法来实现兵马俑碎块点云模型的简化（张雨禾，2016）。首先，计算模型的局部特征检测算子；其次，采用一种改进的区域生长算法来检测特征点，同时计算潜在曲面的弯曲度；

① 段黎明，邵辉，李中明，等．高效率的三角网格模型保特征简化方法［J］．光学精密工程，2017，25（2）：460-468.

② 黄文明，肖朝霞，温佩芝，等．保留边界的点云简化方法［J］．计算机应用，2010，30（2）：348-350+384.

最后，利用共享近邻聚类算法对非特征点进行聚类，判定各点潜在曲面的弯曲程度，从而删除噪声点。该算法可以避免模型精简时造成的孔洞，有效保持原始曲面的形状信息。以兵马俑头部碎块的点云模型为例，采用该简化算法的简化结果如图 2-5 所示。可见，该点云简化算法可以较好地保持兵马俑点云模型的显著特征，是一种有效的兵马俑碎块点云模型简化算法。

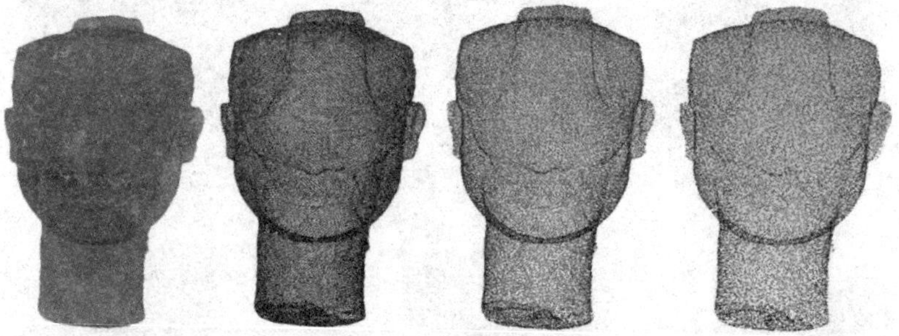

（a）实体　（b）原始模型　（c）简化到 50%　（d）简化到 30%

图 2-5　点云模型简化

资料来源：西北大学可视化技术研究所（2015）。

三、孔洞修补

为了提高碎块匹配的效果，需要在匹配前进行孔洞修补。目前常用的三角网格模型孔洞修补算法主要分为两大类，即基于体素的孔洞修补方法和基于曲面的孔洞修补方法。① 基于体素的孔洞修补方法通过将网格曲面转换成中间体素表示的形式，采用一定的算法在体素空间对孔洞进行修补，最后再生成网格（张婧，2018）。而基于曲面的孔洞修补方法则是利用孔洞附近的数据来对曲面上的孔洞进行修补（刘世凡，2018）。基于曲面的孔洞修补方法又分为两类，即网格增长方法和基于隐式曲面拟合的方法。网格增长法基于某种原则，从孔洞边界三角形的边界边向孔洞区域产生新的三角形，直到新增三角形覆盖整个孔洞为止。而基于隐式曲面拟合的孔洞修补算法则通过已知原

① 王培宁．三维点云模型的孔洞修补算法研究［D］．西安：西北大学，2015.

始模型数据拟合出一个隐式曲面后，再对孔洞进行修补。

对兵马俑碎块数据模型的孔洞修补，一般采用基于泊松方程的孔洞修补算法（Hole-filling Algorithm Based on Poisson Equation，HAPE）来实现（李月雯，2017）。首先，建立基于原始模型几何信息的泊松方程，并对碎块模型的曲面进行全局拟合；然后对拟合的预测曲面进行裁剪，并与孔洞模型缝合，从而实现孔洞修补。HAPE 算法无须进行空间分割和整合，能够在保持模型原始几何信息的基础上，有效地避免修补后网格自交的情况，对孔洞数量庞大且类型多样的三维网格模型修补效果较好。以兵马俑腿部底端的两个孔洞修补为例，采用 HAPE 算法对其修补的效果如图 2-6 所示。

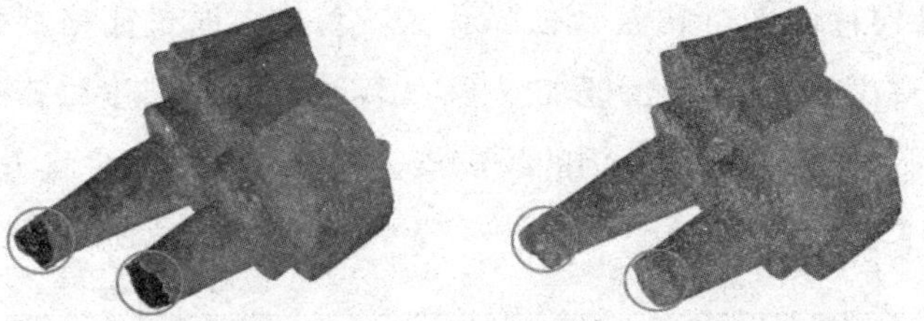

（a）孔洞修补前　　（b）孔洞修补后

图 2-6　兵马俑碎块的孔洞修补

资料来源：西北大学可视化技术研究所（2015）。

第五节　本章小结

随着三维扫描和计算机等技术的发展，采用技术手段对文物进行虚拟复原已经成为一种研究趋势。由于扫描的初始数据模型存在数据量大、噪声大、点云杂乱以及孔洞多等问题，需要对文物碎块数据模型进行去噪、简化和孔洞修补等预处理，以获取较为规整的碎块点云或三角网格数据模型。但是这些碎块的数据模型均为一次扫描得到的数据模型，不能表示完整的碎块数据信息，因此要对同一碎块在不同角度扫描的数据模型进行配准，才能得到完整的碎块数据信息。接下来，在第三章主要研究碎块点云模型的配准算法，用于描述碎块的完整数据信息。

第三章　几何特征保持的文物点云去噪

三维激光扫描是一种快速获取高精度点云的新技术，但由于受物体本身的构造、粗糙程度、纹理以及测量环境等因素的影响，获取的点云数据大多存在孤立的噪声点。针对文物点云数据模型中复杂噪声难以去除的问题，本章提出一种几何特征保持的点云去噪算法。首先，通过栅格划分删除点云中的大尺度噪声；其次，构造特征加权 FCM 算法删除小尺度噪声，从而实现点云的去噪处理；最后，采用文物的噪声点云模型验证本章去噪方法。

第一节　引言

在文物点云数据采集时，由于受物体本身的构造、粗糙程度、纹理以及光线等周围环境因素的影响，采集的原始点云往往含有大量的噪声点，这对后期的点云配准、融合以及三维重建等具有较大的影响，因此，在保持点云的几何特征的基础上需要对其进行去噪处理。

点云去噪的目的是快速有效地删除噪声点，同时保持点云的纹理和边缘等特征细节。① 国内外学者提出了许多点云去噪算法，比如，基于 Laplace 分布的去噪算法，可以有效保留原始数据中的有用细节信息；基于非局域增强卷积神经网络的去噪算法，通过结合卷积神经网络和非局部滤波器实现图像的有效去噪；几何保真的 Signoroni 网格去噪算法不依赖于点云规模，对目标应用领域具有挑战性的情况去噪效果良好；点云去噪算法基于锐利特征骨架，

---

① 陈世超，戴华阳，王成，等．激光扫描数据的密集噪声剔除方法［J］．激光与光电子学进展，2019，56（6）：214-221.

可以在保持重要几何特征不变的同时有效滤除噪声。这些算法均实现了点云数据的有效去噪，但对大尺度噪声和外点含量较高的复杂文物点云模型的去噪效果不佳。

针对文物点云数据模型，本章提出一种几何特征保持的去噪算法。对于大尺度噪声，即悬浮在主体点云周围且偏离主体点云的稀疏点，以及距离主体点云中心较远且小而密集的点，首先，根据点云密度将点云进行栅格化划分，并确定每个点所在的栅格位置以及每个栅格中的点数，然后判断栅格内的点数及其周围栅格内点数的情况，删除大尺度噪声；对于小尺度噪声，即混合在主体点云中的噪声点，则采用一种基于曲率因子和密度因子的特征加权模糊 C 均值聚类（Fuzzy C-means Clustering，FCM）算法进行删除，从而实现点云的最终精确去噪处理。

第二节　基于栅格的大尺度噪声删除

大尺度噪声包含两部分，一部分是那些悬浮在主体点云周围且偏离主体点云的稀疏点，另一部分是距离主体点云中心较远且小而密集的点。对于大尺度噪声，这里采用栅格划分的方式进行删除。

一、栅格划分

对于点云 P，其大尺度噪声采用栅格划分的方式删除。首先，将点云 P 中所有数据点的三维坐标点存到一个一维数组中，并构造一个与坐标轴平行的长方体包围盒，但要确保包围到点云的所有数据点。假设该长方体包围盒中点的最大和最小坐标分别为 $\{x_{max}, y_{max}, z_{max}\}$ 和 $\{x_{min}, y_{min}, z_{min}\}$，长方体栅格的长度为 L。其次，根据数据点的密度将长方体包围盒划分成多个小立方体栅格，那么小立方体栅格在 x，y，z 三个方向的个数 Sum_x，Sum_y，Sum_z 为：

$$\begin{cases} Sum_x = \text{int}\left\{\frac{1}{L}[(x_{\max}+e)-(x_{\min}-e)]\right\}+1 \\ Sum_y = \text{int}\left\{\frac{1}{L}[(y_{\max}+e)-(y_{\min}-e)]\right\}+1 \\ Sum_z = \text{int}\left\{\frac{1}{L}[(z_{\max}+e)-(z_{\min}-e)]\right\}+1 \end{cases} \tag{3.1}$$

对于点云 P 中的某一确定点 $p_i(x_{p_i}, y_{p_i}, z_{p_i})$，$(x_{p_i}, y_{p_i}, z_{p_i})$ 表示点 p_i 的三维坐标，那么，点 p_i 所在小立方体栅格在 x，y，z 轴三个方向的索引号 $(I_{x_{p_i}}, I_{y_{p_i}}, I_{z_{p_i}})$ 为：

$$\begin{cases} I_{x_{p_i}} = \text{int}\left[\frac{1}{L}(x_{p_i}-x_{\min})\right] \\ I_{y_{p_i}} = \text{int}\left[\frac{1}{L}(y_{p_i}-y_{\min})\right] \\ I_{z_{p_i}} = \text{int}\left[\frac{1}{L}(z_{p_i}-z_{\min})\right] \end{cases} \tag{3.2}$$

二、大尺度噪声删除

基于以上的栅格划分结果，接下来判断每个栅格内的数据点数以删除大尺度噪声，具体步骤如下：

步骤 1：假设栅格化后点云 $\boldsymbol{P}$ 的小立方体栅格总数为 Sum 个，栅格的集合为 $\boldsymbol{R}=\{\boldsymbol{R}_1, \boldsymbol{R}_2, \cdots, \boldsymbol{R}_{Sum}\}$，其中 $Sum=Sum_x\times Sum_y\times Sum_z$，并定义栅格内点数大于给定阈值的栅格为有点栅格，点数小于等于给定阈值的栅格为无点栅格。

步骤 2：取第 i 个小立方体栅格 R_i（$i=1, 2, \cdots, Sum$），并判断该栅格内的数据点数，如果 R_i 为无点栅格，则根据栅格内点的索引号（$I_{x_{p_i}}$，$I_{y_{p_i}}$，$I_{z_{p_i}}$）删除 R_i 内的所有数据点，这些删除的点就是悬浮在点云周围的散乱稀疏的大尺度噪声点。

步骤 3：如果栅格 R_i 为有点栅格，则以 R_i 为中心查看其周围的小立方体栅格内的数据点数；如果某个栅格有点栅格，则以该栅格为中心查看其周围栅格内的数据点数。

步骤 4：继续依次把周围的有点栅格作为中心，查看其周围栅格，直到查看完所有栅格为止，以此找出与栅格 $\boldsymbol{R}_i$ 属于同一片点云的所有相邻栅格。

步骤 5：取下一个与 R_i 不属于同一片点云的栅格 $\boldsymbol{R}_j$（$j=1$，2，…，Sum），$j \neq i$，重复类似步骤2到步骤4的过程，即可找到与栅格 $\boldsymbol{R}_j$ 属于同一片点云的所有相邻栅格。

步骤 6：继续取下一个与 R_i 和 R_j 都不属于同一片点云的栅格 $\boldsymbol{R}_k$($k=1$，2，…，Sum，$k \neq j \neq i$)，重复类似步骤 2 到步骤 4 的过程，一直这样执行下去，直到将所有栅格都划分到相应的某片点云中为止，以此将点云 P 划分成 S 片点云 $\{\boldsymbol{P}_1, \boldsymbol{P}_2, \cdots, \boldsymbol{P}_s\}$。

步骤 7：计算每一片点云中有点栅格的数目，从而可以从 S 片点云中找出含有点栅格数目最多的那一片点云，那么，该片点云即为主体点云，其余的点云均为距离主体点云中心较远且小而密集的大尺度噪声点，要删除掉。

通过以上步骤即可实现点云中的大尺度噪声删除，接下来，采用特征加权 FCM 算法删除点云中的小尺度噪声。

第三节　基于特征加权 FCM 的小尺度噪声删除

小尺度噪声主要是指混合在主体点云中的噪声点，该噪声的存在会干扰三维模型重建曲面的光滑性，使重建的三维模型存在一定程度上的失真。假设删除大尺度噪声后的点云为 $\boldsymbol{P}'$，接下来，采用特征加权 FCM 算法对其进行小尺度去噪。该特征加权 FCM 算法基于 FCM 算法，通过在目标函数中引入曲率因子和密度因子来实现点云小尺度噪声的删除。

一、FCM 算法

FCM 算法利用隶属度来确定每个数据点属于某个类别的程度，把包含 n

个 l 维向量 $p'_i(p'_{i1}, \cdots, p'_{il})$ 的集合 $P' = \{p'_1, p'_2, \cdots, p'_n\}$ 分为 m 组，每组对应一个聚类中心 $O = \{o_1, o_2, \cdots, o_m\}$，计算每个聚类中心 $o_j(j = 1, 2, \cdots, m)$，使目标函数达到最小。①

目标函数 F 定义为：

$$F(U, O) = \sum_{j=1}^{m} \sum_{i=1}^{n} \mu_{ij}^{t} d_{ij}^{2}(p'_i - o_j) \tag{3.3}$$

式（3.3）中，U 为隶属度矩阵，$\mu_{ij} \in U$ 表示每个向量属于各个聚类分组的程度，并且满足 $\sum_{j=1}^{m} \mu_{ij} \in 1, i = 1, 2, \cdots, n$，$t$ 表示模糊控制参数，$d_{ij}^{2}(p'_i - o_j)$ 表示向量 p'_i 和聚类中心 o_j 的 Euclid 距离，定义式为：

$$d_{ij}^{2}(p'_i - o_j) = \left\| \frac{p'_i - o_j}{\omega_{ij}} \right\|_2^2 = \frac{1}{\omega_{ij}^{2}} \sum_{k=1}^{i} | p'_{ik} - o_{jk} |^2 \tag{3.4}$$

式（3.4）中，$\omega_{ij} = \dfrac{\mu_{ij}}{\sum_{i=1}^{n} \mu_{ij}}$。

二、特征加权 FCM 算法

特征加权 FCM 算法通过在 FCM 算法中加入曲率因子和密度因子实现聚类。对点云 P' 中的任意一个数据点，$p'_i(x_{p'_i}, y_{p'_i}, z_{p'_i})$，$(x_{p'_i}, y_{p'_i}, z_{p'_i})$ 表示点 p'_i 的三维坐标，定义其曲率因子 α_{H_i} 为：

$$\alpha_{H_i} = \frac{H_i}{\sum_{j=1}^{n} H_i} \tag{3.5}$$

式（3.5）中，H_i 表示点 p'_i 的平均曲率，$1 \leqslant i \leqslant n$。

平均曲率 H_i 的定义式为：

$$H_i = \frac{\lambda_0}{\lambda_0 + \lambda_1 + \lambda_2} \tag{3.6}$$

---

① Ruspini E H. Numerical methods for fuzzy clustering [J]. Information Science, 1970 (2): 319-350.

式（3.6）中，λ_0，λ_1，λ_2 表示点 p'_i 的 k 邻域点集构造的关于点 p'_i 的 3×3 协方差矩阵 C 的特征值，并且 $\lambda_0 \leqslant \lambda_1 \leqslant \lambda_2$，协方差矩阵 $C=\begin{bmatrix} p'_1-\bar{p}' \\ \vdots \\ p'_k-\bar{p}' \end{bmatrix}^T \begin{bmatrix} p'_1-\bar{p}' \\ \vdots \\ p'_k-\bar{p}' \end{bmatrix}$，$\bar{p}'$ 表示点 p'_i 及其 k 邻域点的质心。

曲率因子 α_{H_i} 表示点 p'_i 的平均曲率 H_i 对聚类的影响程度。H_i 的值越小，α_{H_i} 的值越小，点 p'_i 包含的特征也就越小；H_i 的值越大，α_{H_i} 的值越大，点 p'_i 包含的特征也就越大。

定义点 p'_i 的密度 ρ_i 为：

$$\rho_i=\sum_{j=1,\,j\neq i}^{n}\frac{1}{\sqrt{(x_{p'_i}-x_{p'_j})^2+(y_{p'_i}-y_{p'_j})^2+(z_{p'_i}-z_{p'_j})^2}} \tag{3.7}$$

定义密度因子 α_{ρ_i} 为：

$$\alpha_{\rho_i}=\frac{\rho_i}{\sum_{j=1}^{n}\rho_j} \tag{3.8}$$

式（3.8）中，$1\leqslant i\leqslant n$。

密度因子 α_{ρ_i} 表示点 p'_i 的周围点密度对聚类的影响程度。点 p'_i 周围点的密度越大，α_{ρ_i} 的值越大，点 p'_i 对聚类的影响也就越大；点 p'_i 周围点的密度越小，α_{ρ_i} 的值越小，点 p'_i 对聚类的影响也就越小。

基于 FCM 算法以及对曲率因子 α_{H_i} 和密度因子 α_{ρ_i} 的定义，接下来通过对 α_{H_i} 和 α_{ρ_i} 加权的方式来构造新的 FCM 目标函数 F'，定义 F' 为：

$$F'(U,\ O,\ \omega)=\sum_{j=1}^{m}\sum_{i=1}^{n}(\lambda_{H_i}\alpha_{H_i}+\lambda_{\rho_i}\alpha_{\rho_i})\mu_{ij}^{t}d_{ij}^{2}(p'_i-o_j) \tag{3.9}$$

式（3.9）中，λ_{H_i} 是曲率系数，λ_{ρ_i} 是密度系数，并且满足 $\lambda_{H_i}+\lambda_{\rho_i}=1$。

基于该特征加权 FCM 算法，删除点云 P' 的小尺度噪声的具体步骤如下：

步骤 1：对点云 P' 中的任意一点 p'_i，采用特征加权 FCM 算法对其 r 包围球内的点进行聚类，并统计其 r 包围球内近邻点的个数。

步骤 2：判断点 p'_i 的 r 包围球内近邻点数目，若大于给定阈值，则将点 p'_i 向 $\bar{o}_j$ 移动，若小于等于给定阈值，则点 p'_i 为噪声点，将其删除。其中，$\bar{o}_j$

表示聚类中心 o_j 相对于隶属度 μ_{ij} 的加权平均值，定义式为：

$$\bar{o}_j = \sum_{j=1}^{m} \mu_{ij} o_j \tag{3.10}$$

步骤 3：取下一个未聚类过的点，重复执行步骤 1 到步骤 3，直到点云 P' 中的所有点都判断完为止，从而实现点云 P' 的小尺度噪声删除。

第四节　本章去噪方法的步骤

基于以上的大尺度噪声删除和小尺度噪声删除的算法描述，该几何特征保持的文物点云去噪方法的具体步骤描述如下：

步骤 1：对于某文物的噪声点云模型 P，将其中所有数据点的三维坐标点存到一个一维数组中，构造一个与坐标轴平行的长方体包围盒，并根据数据点的密度将长方体包围盒划分成多个小立方体栅格，假设栅格总数为 Sum 个，栅格的集合为 $R = \{R_1, R_2, \cdots, R_{Sum}\}$。

步骤 2：判断每个栅格内的数据点数，若某栅格内点数小于等于给定阈值，则删除该栅格内的点，这些被删除的点就是悬浮在点云周围的散乱稀疏的大尺度噪声点，假设经过大尺度噪声删除后的点云模型为 P'。

步骤 3：对点云 P' 中的任意一点 p'_i，采用特征加权 FCM 算法对其 r 包围球内的点进行聚类，并统计其 r 包围球内近邻点的个数。

步骤 4：判断点 p'_i 的 r 包围球内近邻点数目，若大于给定阈值，则将点 p'_i 向聚类中心移动；若小于等于给定阈值，则点 p'_i 为噪声点，将其删除。

步骤 5：取下一个未聚类过的点，重复执行步骤 3 到步骤 5，直到点云 P' 中的所有点都判断完为止，从而实现点云 P' 的小尺度噪声删除。

经过上述大尺度和小尺度噪声的删除，即可实现文物点云模型的去噪处理。

第五节　实验结果与分析

实验硬件环境配置为 CPU 为 Intel（R）Core（TM）i5-4950，3.30 GHz，内存为 8.00Gb。实验数据采用西北大学可视化技术研究所提供的兵马俑文物碎块点云数据模型，该数据利用加拿大手持式 Handyscan3D 激光扫描仪获取，用于实验测试的文物碎块点云数据如图 3-1 所示。

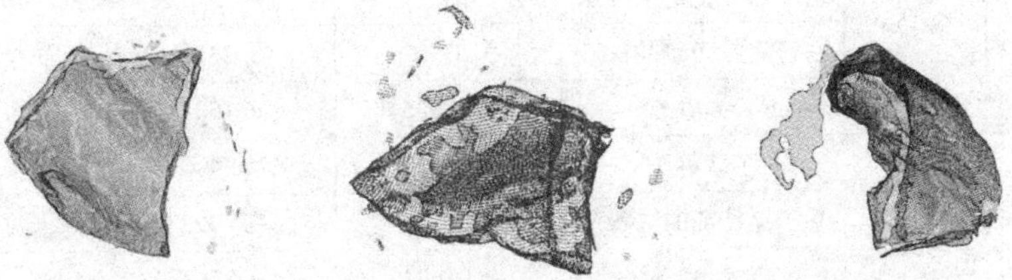

（a）碎块 1　　（b）碎块 2　　（c）碎块 3

图 3-1　去噪前的文物碎块点云模型

资料来源：西北大学可视化技术研究所（2015）。

采用提出的几何特征保持的点云去噪算法，首先通过对点云进行栅格化划分删除大尺度噪声，然后采用特征加权 FCM 算法删除小尺度噪声，文物碎块点云的最终去噪结果如图 3-2 所示。

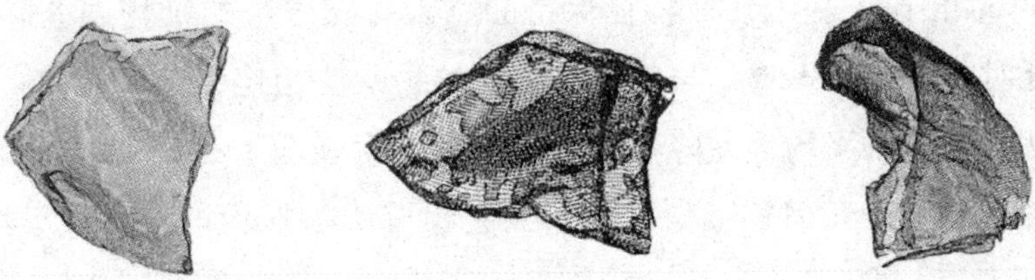

（a）碎块 1　　（b）碎块 2　　（c）碎块 3

图 3-2　去噪后的文物碎块点云模型

资料来源：根据西北大学可视化技术研究所提供的数据经由实验而得。

由图 3-2 可见，该几何特征保持的去噪方法在有效删除大尺度和小尺度噪声的同时，可以较好地保持文物点云模型的细节特征。

为了进一步验证基于几何特征保持的点云去噪算法的性能，对图 3-1 的文物碎块再分别采用 FCM 算法、基于点特征的去噪法（Chen，2018）以及密集噪声删除法（陈世超，2019）进行去噪，去噪结果如表 3-1 所示。

表 3-1　不同去噪方法的运行结果

文物碎块	点云大小	去噪方法	平均误差/毫米	最大误差 /毫米	耗时/秒
碎块 1	66158	FCM 算法	0.04612	0.3179	7.687
		基于点特征的去噪法	0.04109	0.2773	6.898
		密集噪声删除法	0.03507	0.2374	6.125
		点云去噪方法	**0.02305**	**0.1581**	**5.209**
碎块 2	69624	FCM 算法	0.04828	0.3416	8.276
		基于点特征的去噪法	0.04226	0.3097	7.417
		密集噪声删除法	0.03622	0.2568	6.605
		点云去噪方法	**0.02415**	**0.1710**	**5.601**
碎块 3	78427	FCM 算法	0.04996	0.3702	9.014
		基于点特征的去噪法	0.04366	0.3213	8.239
		密集噪声删除法	0.03753	0.2731	7.401
		点云去噪方法	**0.02511**	**0.1853**	**6.310**

资料来源：根据西北大学可视化技术研究所提供的数据经由实验而得。

由表 3-1 可见，基于几何特征保持的点云去噪方法具有最低的误差和耗时，与 FCM 相比，基于几何特征保持的点云去噪方法的平均误差降低了约 50%，耗时降低了约 32%；与基于点特征的去噪法相比，基于几何特征保持的点云去噪方法的平均误差降低了约 44%，耗时降低了约 25%；与密集噪声删除法相比，基于几何特征保持的点云去噪算法的平均误差降低了约 34%，耗时降低了约 15%。

这是由于 FCM 算法是一种目标函数基于 Euclid 距离的模糊聚类算法，对满足正态分布的点云数据具有很好的聚类效果，但是，聚类中心的初始化对聚类效果有很大的影响；基于点特征的去噪法定义了消除几何不连续点近距离误差和长距离测量误差，实现了点云数据的有效去噪，但是该算法对文物点云的轮廓边缘的保持效果不佳；密集噪声删除法是一种基于距离变化、点云强度和密度信息的去噪算法，对密集噪声具有较好的去噪效果，但是对文物碎块点云的离散稀疏噪声删除效果不佳；而基于几何特征保持的点云去噪算法采用栅格划分的方式删除大尺度噪声，采用特征加权 FCM 算法删除小尺度噪声，不仅可以有效剔除悬浮在主体点云周围且偏离主体点云的稀疏点以及距离主体点云中心较远且小而密集的点，而且对混合在主体点云中的噪声点也有良好的删除效果。因此说，该基于几何特征保持的点云去噪算法是一种有效的文物点云去噪方法。

第六节　本章小结

针对文物点云数据中复杂噪声难以去除的问题，需要采用一种保持几何特征的去噪算法。首先，通过栅格划分删除大尺度噪声；然后，采用特征加权 FCM 算法删除小尺度噪声，从而达到保留文物点云模型中细节特征的目的。通过对文物碎块点云数据去噪来验证模糊聚类算法，结果表明，模糊聚类算法可以在保持文物点云模型的尖锐几何特征的同时有效删除噪声点，为后期文物的虚拟复原提供可靠的数据源。但是，由于文物碎块点云数据量大小不一，采集环境差异较大，因此，设计出通用高效的文物点云去噪算法成为下一步工作的研究重点。

第四章　基于几何属性和 k-D 树的碎块配准

三维激光扫描技术是近年来兴起的一种新型技术，能够快速采集物体表面的三维坐标信息，并建立物体的三维影像模型，即点云模型。由于受到视野、自遮挡以及测量环境等因素的影响，需要对物体进行多次不同视角的扫描，并采用配准技术将多个视角获取的点云数据变换到同一个坐标系下，从而得到物体的完整数据信息。本章主要研究文物碎块点云模型的配准问题，采用由粗到精的配准方式，提出一种基于法矢和曲率的粗配准算法以及一种用于精配准的基于 k-D 树的改进 ICP 算法，并通过公共点云和文物点云数据的配准验证碎块配准方法。

第一节　引言

根据采用的配准基元，点云配准算法分为基于特征的点云配准算法和基于无特征的点云配准算法两类。① 基于特征的点云配准算法利用物体表面的角点、轮廓线或特征区域等几何特征来计算变换参数，不需要变换参数的初值即可实现点云配准。比如，基于二维高度图的点云配准算法，采用多尺度小波关键点检测技术，实现点云特征配准（Persad，2017）；基于特征点的快速点云配准算法，可以实现散乱点云的鲁棒配准（张哲，2017）；基于局部特征的点云配准算法，可以解决计算机视觉领域的配准问题（Quan，2018）；基于关键点特征的点云配准算法，可以实现低重叠点云的精确配准（黄源，

① 刘鸣，舒勤，杨赟秀，等. 基于独立成分分析的三维点云配准算法［J］. 激光与光电子学进展，2019，56（1）：181-189.

2018）。但是，基于特征的点云配准算法在特征提取和组织上耗时较长，并且难以完成表面特征缺失点云的精确配准。

基于无特征的点云配准算法无须提取点云特征，直接利用原始数据即可实现配准，其中经典的代表算法是ICP算法（Besl，1992）。此外，基于正交因子模型的ICP算法，可以提高点云配准的精度和稳定性（唐志荣，2019）；基于最大可行子系统框架的点云配准算法，可以提高点云配准的精度和鲁棒性（Chanki，2018）；基于典型相关分析的ICP算法，对存在遮挡、缺损、缩放和噪声的无序点云具有良好的配准效果（Tang，2019）。

针对扫描得到的兵马俑碎块的点云数据模型，本章提出一种由粗到精的碎块配准方法。该配准方法主要包含五个基本步骤，即计算点云的法矢和曲率、检测配准点对、相似性度量、剔除错配点对实现粗配准、采用基于k-D树的改进ICP算法实现精配准。接下来，对该配准方法的几个步骤进行具体介绍。

第二节　基于法矢和曲率的点云粗配准

一、计算法矢和曲率

对于某一个兵马俑碎块，假设对其在两个角度扫描的点云数据模型分别为A和B，A为待配准点云，B为参考点云，它们之间的最短距离为k，记为点云B的δ邻域$\delta(B)$。假设点云B拟合平面的法矢记为N，点云B的邻域重心记为O，则：

$$O=\frac{1}{\delta}\sum_{i\in nbhb(B)}B_i \tag{4.1}$$

式中，i为参考点云B邻域内某一点的序号。

将δ邻域中的数据点进行参数化以构造曲面模型，可以满足不同曲面对其局部形状的要求，点云B拟合平面的法矢的计算式为：

$$\min \sum_{i \in nbhd(B)} \| (B_i - O) \cdot N \| \tag{4.2}$$

求解式（4.2）即可得到点云 B 拟合平面的法矢 N。这里计算的法矢方向可能不一致，会影响到后面曲率计算的准确性，因此，要调节法矢方向。

设 x 轴和 y 轴是测量点云 B 的拟合切平面上的两个正交向量，z 轴是点云 B 的法矢量 N，x、y 和 z 轴构成笛卡尔坐标系，$S(x, y)$ 表示切平面，计算式为：

$$S(x, y) = (x, y, z(x, y)) = ax + by + cx^2 + dxy + ey^2 \tag{4.3}$$

那么，存在一组数值 a、b、c、d、e 使式（4.3）成立，其线性方程组的形式为：

$$\begin{pmatrix} x_1 & y_1 & x_1^2 & x_1y_1 & y_1^2 \\ x_2 & y_2 & x_2^2 & x_2y_2 & y_2^2 \\ \vdots & \vdots & \vdots & \vdots & \vdots \\ x_s & y_s & x_s^2 & x_sy_s & y_s^2 \end{pmatrix} \begin{pmatrix} a \\ b \\ c \\ d \\ e \end{pmatrix} = \begin{pmatrix} z_1 \\ z_2 \\ \vdots \\ z_s \end{pmatrix} \tag{4.4}$$

对于式（4.4），可以求得其通解 a、b、c、d 和 e。则点云 B 所构造曲面的高斯曲率 K，平均曲率 $\overline{H}$，以及两个主曲率 k_1、k_2 可分别表示为：

$$K = \frac{2c - d^2}{(1 + a^2 + b^2)^2} \tag{4.5}$$

$$\overline{H} = \frac{(1 + a^2)e + (1 + b^2)c - abd}{(1 + a^2 + b^2)^{3/2}} \tag{4.6}$$

$$k_1 = \overline{H} - \sqrt{\overline{H} - K}, \ k_2 = \overline{H} + \sqrt{\overline{H} - K} \tag{4.7}$$

二、检测配准点对

配准点的选取应涉及点云的不同区域，因此，需要将初始点云划分成若干个间隔为 d 的区域，并在每个区域中任选一点作为配准点。通常，区域宽度 d 与点云的分布有关，一般取点云分布密度的 2~3 倍为宜。由于曲率极值点相对稳定，因此，配准点应尽量选取区域中的曲率极值点或接近区域中心、曲率变化不大的点，并且配准点不应在边界上，且任意三点不共线。

令待配准点云集合为 $A=\{x_1, x_2, \cdots, x_m\}$，参考点云集合为 $B=\{y_1, y_2, \cdots, y_n\}$，$m$ 和 n 分别表示点集 A 和 B 中的点数。将点集 A 的曲率极值点表示为集合 $C=\{c_1, c_2, \cdots, c_s\}$，$s$ 表示点集 C 中的点数，$s<\min(m, n)$。对 Y 中的任意一点 $c_k(k=1, 2, \cdots, s)$，在 B 中搜索与其曲率相近的点，两点之间的主曲率满足式（4.8）和式（4.9）。

$$\sqrt{[k_1(c_k)-k_1(y_j)]^2+[k_2(c_k)-k_2(y_j)]^2}\leqslant \eta_1 \tag{4.8}$$

$$|[k_1(c_k)-k_1(y_j)]\cdot[k_2(c_k)-k_2(y_j)]|\leqslant \eta_2 \tag{4.9}$$

式中，y_j 不是边界点，而是点 c_k 的一个配准点。

三、度量相似性

经过特征搜索后，每个配准点都与一个配准点对集相对应，虽然明显缩小了配准空间，但易受噪声点的干扰，而且非重叠区域的增多也会使错配点对增多，有效配准点对也会相应减少。为此，首先要计算出点云 B 的 δ 邻域 $\delta(B)$ 特征，并利用该特征构造该点的拟合空间，然后再与点云 A 进行相似性判断。构造的该拟合空间中共包含10个分量，即参考点云 B 的高斯曲率均值、方差，平均曲率均值、方差，两个主曲率的均值、方差以及主方向夹角的均值和方差。其中，各数据点的高斯曲率、平均曲率、两个主曲率可由式（4.5）到式（4.9）计算得到，方向向量夹角的均值和方差可通过其方向向量的点乘得到。

设点 $x\in A$ 与其匹配点 $y\in B$ 的特征向量空间分别为 $P_k(p_1, p_2, \cdots, p_{10})$ 和 $Q_k(q_1, q_2, \cdots, q_{10})$，则该两点间的相似度 L_k 为：

$$L_k(x, y)=\frac{1}{D(x, y)} \tag{4.10}$$

式（4.10）中，$D(x, y)$ 表示点 x 到点 y 的欧氏距离，其计算式为：

$$D(x, y)=\|P_k-Q_k\|=\sqrt{\sum_{i=1}^{10}(p_i-q_i)^2} \tag{4.11}$$

利用式（4.10）来计算点 x 和 y 的相似度 L_k，若最大相似度小于给定阈值，那么，点 x 不在点云 A 和 B 的重叠区域中，应剔除；否则，则认为该点为有效配准点。

四、剔除错配点对

在三维空间变换中，存在一点 p 满足下式：

$$\| \underline{O} - p \| = \| \underline{O}' - p \| \tag{4.12}$$

式（4.12）中，$(\underline{O}, \underline{O}')$ 是配准点对 O，O' 在旋转轴 z 的垂直平面上的投影。

对于点云 $O_k(k=1, 2, \cdots, n)$ 及其匹配点 $O'_k(k=1, 2, \cdots, n)$，任意三组配准点对的旋转轴 z 的计算式为：

$$z = \frac{(Ty_2 - Ty_1) \times (Ty_3 - Ty_1)}{\| (Ty_2 - Ty_1) \times (Ty_3 - Ty_1) \|} \tag{4.13}$$

式（4.13）中，$Ty_k = O_kO'_k$ 是任意3组非共线配准对向量，$k = 1, 2, 3$，$z = (z_1, z_2, z_3)^T$。

接下来，将 Ty_k 对应的配准点对投影到坐标轴 z 的垂直平面上，然后选取其中的两组非平行配准对投影向量，假设为 Ty_1 和 Ty_2，那么，三维空间中的固定点 p 的计算式和旋转轴 z 的坐标分别为：

$$p = \frac{(O_2^{\mathrm{T}}O_2 - O'^{\mathrm{T}}_2O'_2)Z(Ty_1)}{Z(\underline{T}y_2)^{\mathrm{T}}Z(\underline{T}y_1)} + \frac{(O_1^{\mathrm{T}}O_1 - O'^{\mathrm{T}}_1O'_1)Z(Ty_2)}{Z(Ty_1)^{\mathrm{T}}Z(\underline{T}y_2)} \tag{4.14}$$

$$Z = \begin{pmatrix} 0 & -z_3 & z_2 \\ z_3 & 0 & -z_1 \\ -z_2 & z_1 & 0 \end{pmatrix} \tag{4.15}$$

根据式（4.11）判断配准点对是否有效，并利用点 p 在三维空间变换中具有唯一性来剔除错配准点对。剔除错配点对的具体步骤如下：

步骤1：设选取的有效配准点对为 (x_k, y_k)，$k=1, 2, \cdots, n$ 任意三组配准点对的旋转轴 $z_i(i=1, 2, \cdots, T_n^3)$ 可由式（4.13）计算得到，利用右手定则判断其方向，如不满足右手定则可将 z 轴旋转 180°，并对 $\{z_1\}$ 进行中值滤波，从而处理计算出 z。

步骤 2：计算配准点对（x_k，y_k）在 z 旋转轴垂直平面上对应的投影点（$\underline{x_k}$，$\underline{y_k}$）。

步骤 3：利用式（3.14）分别计算每任意两对投影点对应的固定点 $p_j(j=1, 2, \cdots, P_n^2)$，并对 $\{p_j\}$ 进行中值滤波处理计算出 p。

步骤 4：计算固定点 p 和其对应投影点距离差的绝对值 d_k，其计算式为：

$$d_k = | \ \| x_k - p \| - \| y_k - p \| \ |, \ (k = 1, 2, \cdots, m) \tag{4.16}$$

步骤 5：计算 $d = \{d_k, k = 1, 2, \cdots, m\}$ 的均值 μ_d 和标准差 σ_d，其计算式分别为：

$$\mu_d = \frac{1}{m}\sum_{k=1}^{m} d_k \tag{4.17}$$

$$\sigma_d = \sqrt{\frac{1}{m}\sum_{k=1}^{m}(d_k - \mu_d)^2} \tag{4.18}$$

步骤 6：判断配准点对是否有效，若 $|d_k - \mu_d| \leqslant \varepsilon$（$\varepsilon$ 为常数），则配准点对（x_k，y_k）为有效配准点对，并保留该点对；否则（x_k，y_k）为错配准点对，剔除之。如此对每对配准点对都进行有效性判断，直到 $k > n$ 时结束算法。

第三节　基于 k-D 树的精配准

k-D 树（k-Dimension Tree）是二叉树在 k 维度上的拓展，对于三维点云配准，$k=3$，即 3-D 树。使用 3-D 树来存储点云数据，可以快速方便地搜索到最近匹配点。对于点云 A 和 B，对 A 中的任意一点 x_i，利用 k-D 树算法在 B 中寻找与 x_i 欧氏距离最近的 3 个点，即 y_1、y_2 和 y_3。若 x_i 与 y_j（$j=1, 2, 3$）的距离小于距离阈值 TH，则以这 3 个点中距离 x_i 最近的点作为查找结果 y_j（点集 A 中任一点 x_i 在点集 B 中都有唯一的点 y_j 与之对应），即认为 x_i 和 y_j 是点集 A 和 B 的配准点对；否则，查找配准点失败。采用欧氏距离阈值的方法，可以有效剔除大部分错配点对，大大提高点云精配准的精度。

采用基于 k-D 树的改进 ICP 算法对点云进行精配准的具体步骤如下：

步骤 1：设置初值：旋转矩阵 R_0，平移矢量 t_0，迭代次数 $k=0$。

步骤 2：在待配准点云 $A=\{x_1, x_2, \cdots, x_m\}$ 中选择初始点集 A_k 。

步骤 3：利用 k-D 树的最近邻域搜索法求 B_k ，即初始点集 A_k 在参考点云 $B=\{y_1, y_2, \cdots, y_n\}$ 中的最近配准点。

步骤 4：利用欧氏距离阈值法剔除错配准点对。

步骤 5：利用单位四元数法求取配准点对的旋转矩阵 R_k 和平移向量 t_k 。

步骤 6：计算点集 A_k 经过一次坐标变换后所得到的新点集 $A_{k+1}=R_kA_k+t_k$ ，然后重复步骤 2 到步骤 5，直到满足迭代终止条件为止。

第四节　本章配准方法的步骤

基于以上的粗配准和精配准算法描述，本章基于几何属性和 k-D 树的碎块点云配准算法的具体步骤描述如下：

步骤 1：对于某一文物碎块，假设在两个不同角度对其扫描得到的点云数据模型分别为 $A=\{x_1, x_2, \cdots, x_m\}$ 和 $B=\{y_1, y_2, \cdots, y_n\}$ ，计算点云 B 所构造曲面的高斯曲率 $CharV(d)$ ，平均曲率 $\bar{H}$ 以及两个主曲率 k_1、k_2。

步骤 2：计算点云 A 的曲率极值点集合 $C=\{c_1, c_2, \cdots, c_s\}$ ，根据式（4.8）和式（4.9）在点云 B 中搜索与其曲率相近的点，从而检测出两个点云的配准点对。

步骤 3：根据式（4.10）计算点 $x\in A$ 与其匹配点 $y\in B$ 的相似度 L_k 。

步骤 4：根据相似度 L_k 判断配准点对是否有效，并剔除错配准点对，从而将点云 A 和 B 初步粗配准。

步骤 5：设置刚体变换初值，旋转矩阵 R_0，平移矢量 t_0，迭代次数 $k=0$。

步骤 6：在点云 A 中选择初始点集 A_k ，并利用 k-D 树最近邻域搜索法计算 B 的最近配准点集 B_k 。

步骤 7：利用单位四元数法求取配准点对的旋转矩阵 R_k 和平移向量 t_k 。

步骤 8：重复步骤 6 到步骤 8，直到满足迭代终止条件为止，由此实现 A

和 B 的精配准，得到文物碎块的完整点云数据模型。

第五节　实验结果与分析

在 Visual studio 2010 环境下，在 Intel Core i7 3. 33GHz 的 CPU、16GB 内存的 Windows 7（64 位）PC 机上进行了算法实现。对两组公共点云数据模型进行配准，分别为兔子点云和龙点云数据模型，两组点云均为部分重叠的点云，如图 4-1 所示。

（a）兔子　　　　（b）龙

图 4-1　两组待配准点云

资料来源：斯坦福大学（1996）。

采用点云配准算法对四组点云分别进行配准，粗配准结果如图 4-2 所示，精配准结果如图 4-3 所示。由配准结果可见，点云配准算法可以实现点云模型由粗到精的有效配准。

（a）兔子　　　　（b）龙

图 4-2　粗配准结果

资料来源：根据斯坦福大学提供的数据经由实验而得。

（a）兔子　　　　（b）龙

图 4-3　精配准结果

资料来源：根据斯坦福大学提供的数据经由实验而得。

为了进一步验证所提点云配准算法的配准性能，对图 4-1 的两组点云再分别采用 ICP 算法、点特征匹配法（赵夫群，2018）和距离误差评价 ICP 算法（Wu，2019）进行配准，三种配准算法和本章所提点云配准算法的配准结果如表 4-1 所示。

表 4-1　四种算法的配准结果

点云	点数（左，右）	配准算法	配准误差/毫米	耗时/秒
兔子	40256，40096	ICP 算法	0.0292	6.3
		点特征匹配法	0.0251	5.6
		距离误差评价 ICP 算法	0.0205	4.9
		本章点云配准算法	**0.0188**	**4.0**
龙	41841，22092	ICP 算法	0.0320	7.5
		点特征匹配法	0.0278	6.6
		距离误差评价 ICP 算法	0.0233	5.2
		本章点云配准算法	**0.0205**	**4.5**

资料来源：根据斯坦福大学提供的数据经由实验而得。

由表 4-1 可见，点云配准算法具有最高的配准精度和最短的耗时。与 ICP 算法相比，点云配准算法的配准精度提高了约 35%，耗时降低了约 45%；与点特征匹配法相比，点云配准算法的配准精度提高了约 25%，耗时降低了约 35%；与轮廓特征匹配法相比，点云配准算法的配准精度提高了约 10%，耗时降低了约 25%。

这是由于 ICP 算法是一种基于无特征的点云配准算法，它要求两个待配准点云的初始位置相对比较接近，且存在包含关系，因此，对旋转和平移较大的低覆盖点云的配准效果不佳。点特征匹配法是一种基于特征点的点云配准算法，利用点云模型上的 ISS 特征点实现迭代配准，但是所选特征相对简单，对复杂模型的配准精度还有待提高。轮廓特征匹配法是一种基于距离误差评价的 ICP 算法，可以实现高密度点云的有效配准，但是对采样均匀的公共点云数据模型的配准并无明显优势。而点云配准算法通过对法矢和曲率相似的特征点进行检测有效剔除了错配点对，并引入 k-D 树以改进 ICP 算法的收敛速度和配准精度，因此可以取得更高的配准精度和速度。

第六节　本章小结

针对文物碎块的点云数据模型，本章提出一种由粗到精的碎块配准方法。该配准方法主要包含五个基本步骤，即计算点云的法矢和曲率、检测配准点对、相似性度量、剔除错配点对实现粗配准、采用基于 k-D 树的改进 ICP 算法实现精配准。该配准方法可以实现不同类型点云模型的精确配准，特别是对不同角度扫描的同一文物碎块的点云模型的配准良好。该配准方法的空间和时间复杂度较低，是一种精度高、速度快、鲁棒性好的普适性点云配准方法。

第五章　基于显著区域和二维形状特征的碎块分类

在计算机辅助破损文物的复原过程中，直接将大量的碎块进行匹配拼接是一项 NP 难题，而设计高效的碎块智能分类方法可以将大量碎块划分为若干个子集，降低碎块匹配拼接时的穷举规模，从而提高文物虚拟修复的效率。本章提出一种基于显著区域和二维形状特征的文物碎块分类方法，首先采用 EMD 法，根据碎块外表面的显著性区域特征实现粗分类；然后，采用 SVM 分类器对表面特征不明显的碎块进行细分类，从而实现文物碎块的最终精确分类。

第一节　引言

在以往的文物管理工作中，兵马俑碎块通常采用手动方法进行分类，不仅工作量大、费时费力，而且要求工作者具备一定的专业知识。① 为了提高兵马俑碎块数字化拼接的效率和效果，本书采用计算机辅助碎块分类的方法，将大量的兵马俑碎块模型按照其身体部位进行分类，可以有效提高文物管理系统的自动化水平，同时为兵马俑碎块的匹配拼接工作提供指导和约束。

目前，大多数的三维模型分类系统都是针对计算机辅助设计（Computer Aided Design，CAD）模型设计的。② 通常 CAD 模型表面光滑，拓扑结构简单，而兵马俑碎块则较为粗糙且形状复杂，因此，现有的三维模型分类系统

① 王克刚. 基于学习优化与信息融合的陶瓷文物碎片分类研究［D］. 西安：西北大学，2017.
② 陶松桥. 面向设计的三维 CAD 模型搜索技术研究［D］. 武汉：华中科技大学，2012.

和分类方法对兵马俑碎块分类的适应性不高。① 此外，现有的一些兵马俑碎块分类方法准确率较低，因此，根据兵马俑碎块固有的特点，结合表面形状特征，本书提出基于区域和形状特征的碎块分类方法。首先，提取碎块外表面的显著性区域特征，并采用推土机距离（Earth Mover's Distance，EMD）方法对区域特征进行匹配，从而实现碎块初步粗分类；其次，对表面特征不明显的碎块进行预处理，获取其二维图像信息，并利用 Hu 不变矩提取其形状特征；最后，根据形状特征，采用支持矢量机（Support Vector Machine，SVM）分类器对表面特征不明显的碎块进行进一步细分类，由此实现兵马俑碎块的最终精确分类。

第二节　基于显著区域的粗分类

一、显著区域特征提取

所谓显著区域，是指兵马俑碎块模型外表面上凹凸不平的局部区域。为了提取模型的显著区域特征，首先要定义特征描述符及其显著级别。

特征描述符可以有效地指代点及其周围局部曲面，本章采用体积积分不变量（Huang，2006；Kuznetsov，2015）来计算特征描述符。对曲面 S 上任意一点 p，其体积积分不变量定义为：

$$V_r(p) = \frac{3}{4\pi}\int_{B_r(p)} \chi_D dx \tag{5.1}$$

式中，$B_r(p)$ 表示球心为 p、半径为 r 的球体；χ_D 为示性函数，其取值为：当某一点在 D 内时，$\chi_D = 1$，否则 $\chi_D = 0$。当点 p 的邻域曲面 S' 包含在 $B_r(p)$ 内的部分为平面时，$V_r(p)$ 的值为 0.5。

体积积分不变量实际上就是球体 $B_r(p)$ 在曲面 S 外侧部分的体积。体积积

---

① Qin F, Li L, Gao S, et al. A deep learning approach to the classification of 3D CAD models [J]. Computer & Electron, 2014, 15 (2): 91-106.

分不变量 $V_r(p)$ 的值与曲面 S 在点 p 附近的凹凸程度有关，与半径 r 的大小成正比，它反映了点 p 的邻域曲面的凹凸程度，可以进行不同半径尺度的计算。

定义 $Deg(p)$ 为曲面 S 上任意一点 p 的邻域曲面的凹凸程度：

$$Deg(p) = | V^r(p) - 0.5 | \tag{5.2}$$

显然，$Deg(p)$ 的值越大，点 p 邻域曲面的凹凸程度就越强。当 $Deg(p)$ 的值接近 0 时，点 p 的邻域曲面就是一个平面。

然后，采用点坐标和体积积分不变量来定义特征描述符 d 为：

$$d = \{Coor(d),\ \max V(d)\} \tag{5.3}$$

式中，$Coor(d)$ 表示特征描述符 d 有效表示的局部曲面的代表点坐标，$\max V(d)$ 表示特征描述符 d 有效表示的局部曲面上拥有最大 $Deg(p)$ 值点所对应的体积积分不变量。

本章采用区域生长算法来迭代构造特征描述符，具体构造步骤如下：

步骤 1：计算曲面上各个点的体积积分不变量 $V^r(p)$ 及其凹凸度 $Deg(p)$，并将点按照 $Deg(p)$ 值的递减顺序进行排序。

步骤 2：求解当前凹凸度 $Deg(p)$ 值最大的点，并在确保顶点周围拟合曲面接近其原始邻域曲面的基础上，尽量扩大点周围局部曲面的面片，同时删除排序表中面片包含的所有顶点。一旦局部面片被定义，即求得其质心坐标，并将质心作为 $Coor(p)$ 的值。同时，也可求出局部面片中最大 $Deg(p)$ 值的点对应的体积积分不变量，即可求得 $\max V(d)$。

步骤 3：若排序表不为空，跳转至步骤 2，继续求解下一个特征描述符；若排序表为空，算法结束。

构造好特征描述符后，再来定义特征描述符的显著级别。设特征描述符集合为 F，即 $d \in F$，那么，特征描述符集 F 的显著级别 G 定义为：

$$G = \sum_{d \in F} [\omega_1 Area(d) \max V(d)^3 + \omega_2 N(F) Var(F)] \tag{5.4}$$

式中，$Area(d)$ 表示 d 代表的局部面片面积相对于特征描述符集 F 代表的区域最小包围球体的表面积的大小；$\max V(d)$ 表示特征描述符 d 中的分量，代表了该区域凸或凹的程度；$N(F)$ 表示 F 中局部最小或最大的积分不变量的数量；$N(F)$ 表示特征描述符集 F 中体积积分不变量的方差；ω_1 和 ω_2 表示权重；

$Area(d)\max V(d)^3$ 通过局部区域面积大小和体积积分不变量来表示该区域的显著性；$N(F)Var(F)$ 表示 F 代表区域的凹凸性。

由于特征描述符 d 具有较明显的凹凸特性，因此，本书采用对 d 进行聚类的方式来构造显著区域特征，具体构造步骤如下：

步骤 1：对于特征描述符集合 F 中的每一个特征描述符 d，首先逐步添加其邻域的特征描述符，从而使得特征描述符集的显著级别 S 越来越大。当添加的描述符的贡献小于给定阈值时，构造终止。在上述过程中，允许一定程度的特征描述符重叠。经过反复实验验证，允许最高的重叠比例为25%。

步骤 2：由于显著几何特征定义为模型特征较为明显的区域，所以显著级别 S 排序较为靠前的聚类就定义了模型的显著形状特征。对特征描述符集，首先将其按照显著级别 S 的降序进行排序，然后再选取排在前面20%~30%的特征描述符集来构造显著区域特征。

二、碎块粗分类

本书采用 EMD 方法（余宇婷，2017；Hu，2018）对显著区域特征进行匹配分类。设 $p=\{(p_1, w_{p_1}), (p_2, w_{p_2}), \cdots, (p_m, w_{pm})\}$ 是一个由 m 个特征描述符构成的显著区域特征，$q=\{(q_1, w_{q_1}), (q_2, w_{q_2}), \cdots, (q_n, w_{qn})\}$ 是另一个由 n 个特征描述符构成的显著区域特征。其中，p_i 和 q_i 分别表示显著区域特征 p 和 q 的每个特征描述符对应的代表点（即质心），权重 w_{pi} 和 w_{qi} 分别表示 p 和 q 的特征描述符对应的体积积分不变量。

由 EMD 的定义可知，EMD 的目标就是找到一个流矩阵 $C=|c_{ij}|$，其中，c_{ij} 是 p_i 与 q_j 间的最小花费代价，那么 $EMD(p, q)$ 计算式为：

$$EMD(p, q)=\frac{\sum_{i=1}^{m}\sum_{j=1}^{n}c_{ij}d_{ij}}{\sum_{i=1}^{m}\sum_{j=1}^{n}c_{ij}} \tag{5.5}$$

式（5.5）中，d_{ij} 代表同一个坐标系下 p_i 与 q_j 间的欧氏距离，$c_{ij}\geqslant 0$，$\sum_{j=1}^{n}x_{ij}\leqslant w_{p_i}$，$\sum_{i=1}^{m}\sum_{j=1}^{n}c_{ij}+\min\left(\sum_{i=1}^{m}w_{p_i}, \sum_{j=1}^{n}w_{q_j}\right)$，$1\leqslant i\leqslant m$，$1\leqslant j\leqslant n$。

根据上述计算，即可实现显著区域特征的快速匹配。$EMD(p, q)$ 的值越大，表示两个显著区域特征相差越大；反之，$EMD(p, q)$ 的值越小，表示两个显著区域特征越相似。根据显著区域特征的相似程度，即可完成碎块粗分类。

第三节　基于二维形状的细分类

对表面几何特征不明显的碎块，需要进一步精确分类，如部分腿部和裙摆碎块。首先采用 Hu 不变矩（闫旭，2018）提取碎块的形状特征，然后采用 SVM 分类器实现碎块的最终分类。由于实验所采用的兵马俑数据模型均由三维激光扫描仪获取，因此，在获取碎块形状特征之前，需要对三维模型进行截取来获得其二维图像。

定义图像的 $p+q$ 阶矩为：

$$m_{pq} = \int_{-\infty}^{+\infty}\int_{-\infty}^{+\infty} x^p y^q f(x, y)\,dxdy \tag{5.6}$$

式（5.6）中，$f(x, y)$ 为图像函数，p，$q = 0, 1, 2, \cdots$。

定义图像的 $p+q$ 阶中心矩为：

$$\mu_{pq} = \int_{-\infty}^{+\infty}\int_{-\infty}^{+\infty} (x-\bar{x})^p (y-\bar{y})^q f(x, y)\,dxdy \tag{5.7}$$

式（5.7）中，$\bar{x}$ 和 $\bar{y}$ 为图像的重心，$\bar{x} = \dfrac{m_{10}}{m_{00}}$，$\bar{y} = \dfrac{m_{01}}{m_{00}}$。

定义图像的归一化中心矩为：

$$\eta_{pq} = \frac{\mu_{pq}}{\mu_{00}^{\rho}},\ \rho = \frac{p+q}{2} + 1 \tag{5.8}$$

通常，Hu 不变矩采用二阶和三阶归一化中心矩来构造 7 个不变矩 M_1，M_2，M_3，M_4，M_5，M_6，M_7，其计算式为：

$$
\begin{cases}
M_1=\eta_{20}+\eta_{02} \\
M_2=(\eta_{20}+\eta_{02})^2+4\eta_{11}^2 \\
M_3=(\eta_{30}+3\eta_{12})^2+(\eta_{03}+3\eta_{21})^2 \\
M_4=(\eta_{30}+\eta_{12})^2+(\eta_{03}+\eta_{21})^2 \\
M_5=(\eta_{30}-3\eta_{12})(\eta_{30}-\eta_{12})[(\eta_{30}+\eta_{12})^2-3(\eta_{03}+\eta_{21})^2]+(3\eta_{31}+\eta_{03}) \\
\quad [3(\eta_{30}+\eta_{12})^2-(\eta_{03}+\eta_{21})^2] \\
M_6=(\eta_{20}-\eta_{02})[(\eta_{30}+\eta_{12})^2-(\eta_{03}+\eta_{21})^2]+4\eta_{11}(\eta_{30}+\eta_{12})(\eta_{03}+\eta_{21}) \\
M_7=(3\eta_{21}-\eta_{03})(\eta_{30}+\eta_{12})[(\eta_{30}+\eta_{12})^2-3(\eta_{03}+\eta_{12})^2](3\eta_{12}+\eta_{30}) \\
\quad [3(\eta_{30}+\eta_{12})^2-(\eta_{03}+\eta_{21})^2]
\end{cases}
\tag{5.9}
$$

接下来，利用 SVM 分类器对碎块进行精确分类。SVM 是一个有监督功能的学习模型，被广泛应用于模式识别中，适合解决小样本、非线性和高维度模式识别等方面的问题。需要进行细分类的兵马俑碎块的二维图像数据集属于小样本数据集，因此非常适合采用 SVM 作为二次分类的分类器。

在采用 SVM 分类器实现分类中，核函数采用径向基核函数（Radial Basis Function，RBF），它具有很强的局部性，适合小样本数据的分类。RBF 定义为：

$$
k(x,\ y)=\exp\{-|x-y|^2/\delta^2\} \tag{5.10}
$$

RBF 就是某种沿径向对称的标量函数，其含义为任意一点 x 到某一中心点 y 的欧氏距离的单调函数；δ 表示函数的宽度参数。

经过上述的粗分类和细分类，即可将大量的兵马俑碎块按照身体部位划分成五大类，即头部碎块、躯干碎块、裙摆碎块、上肢碎块和下肢碎块，从而大大降低后期碎块匹配的搜索空间和时间的复杂度。

第四节　本章分类方法的步骤

步骤 1：利用体积积分不变量计算碎块外表面的特征描述符集合 F 。

步骤 2：基于集合 F ，利用聚类算法构造碎块外表面的显著区域特征。

步骤 3：采用 EMD 方法对碎块的显著区域特征进行匹配，将显著区域特征相似的碎块划分为一类，从而实现碎块粗分类。

步骤 4：对于表面几何特征不明显的碎块，截取其二维图像。

步骤 5：采用 Hu 不变矩提取二维图像的形状特征，并采用 SVM 分类器实现碎块的最终精分类。

第五节　实验结果与分析

本章的碎块分类方法在 Visual studio 2010 环境下，在 Intel Core i7 3. 33GHz 的 CPU、16GB 内存的 Windows 7（64 位）PC 机上进行了实现。采用兵马俑碎块点云数据模型对该碎块分类算法进行验证。

采用 30 个完整兵马俑的碎块点云数据模型来验证本章所提的分类方法，30 个整俑共含碎块 508 个，其中部分整俑如图 5-1 所示，部分碎块如图 5-2 所示。

图 5-1　部分整俑

资料来源：西北大学可视化技术研究所（2015）。

图 5-2　部分待分类兵马俑碎块

资料来源：西北大学可视化技术研究所（2015）。

由图 5-2 可见，大多数兵马俑都存在一定程度上的碎块缺失，这是由于部分碎块体积过于细小无法进行匹配拼接所致，而且某些碎块也存在特征上的重叠，如铠甲和裙摆交接的部位。

根据兵马俑的身体部位进行分类，将 508 个碎块划分为五大类，即 A1 类（头部碎块）、A2 类（躯干碎块，主要是指身体上半部分，通常由铠甲组成）、A3 类（裙摆碎块）、A4 类（上肢碎块，主要包括上臂、下臂和手部碎块）以及 A5 类（下肢碎块，主要包括大腿、小腿和脚部碎块）。

采用扫描方法，首先提取碎块表面的显著区域特征，以图 5-3（a）的一个铠甲碎块为例，提取的矩形显著区域特征如图 5-3（b）所示。然后，采用 EMD 方法对这些区域特征进行匹配，从而实现碎块粗分类。经过粗分类，508 个碎块中有 196 个碎块分类失败，大多数分类失败的碎块是裙摆碎块、下肢碎块和手部碎块。因此，针对所有分类失败碎块，再采用 Canny 算子提取其二维边缘形状特征，提取结果如图 5-4 所示，最后采用 SVM 分类器对其进一步细分类，由此实现兵马俑碎块的最终精确分类。

（a）碎块　　　　（b）显著区域

图 5-3　碎块表面的显著性区域

资料来源：根据西北大学可视化技术研究提供的数据经由实验而得。

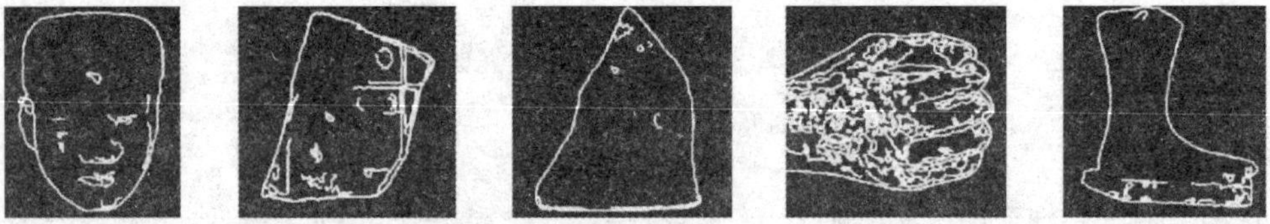

（a）头部边缘　（b）躯干边缘　（c）裙摆边缘　（d）手臂边缘　（e）腿脚边缘

图 5-4　碎块的二维形状特征

资料来源：根据西北大学可视化技术研究提供的数据经由实验而得。

对于 196 个分类失败的兵马俑碎块，在细分类阶段对应截取的二维图像也是 196 幅，尺寸均为 200×200，选取其中 136 幅图像作为 SVM 分类器的训练样本集、60 幅图像作为验证样本集。在采用 SVM 分类器进行二次分类的过程中，RBF 核函数的宽度参数 δ 设置为 0.5。

经过初始分类和二次分类后，508 个碎块的最终分类结果如图 5-5 所示（因篇幅有限，这里仅展示一部分）。

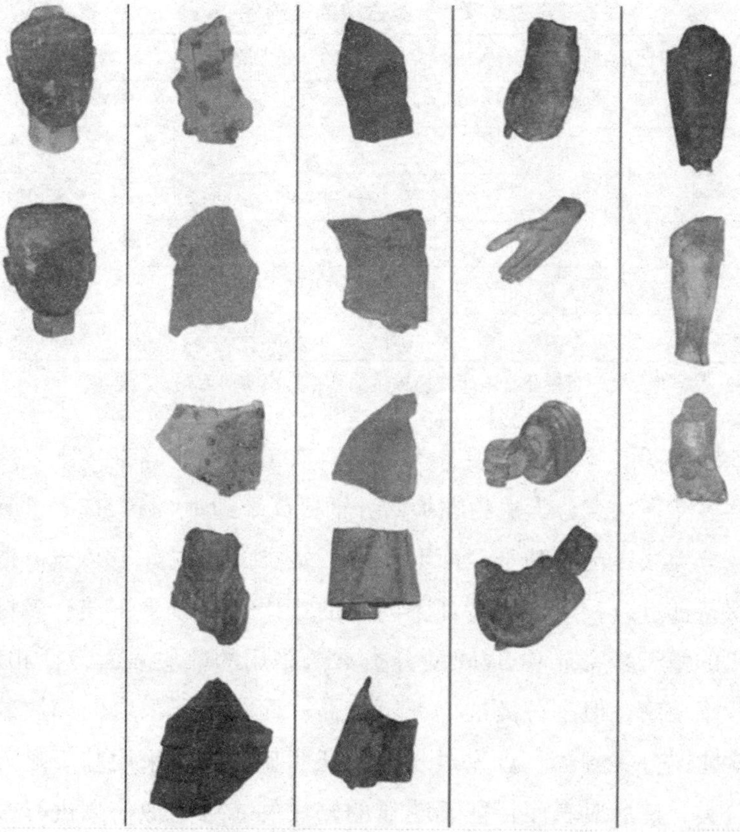

A1类（头部）　A2类（躯干）　A3类（裙摆）　A4类（上肢）　A5类（下肢）

图 5-5　部分碎块的分类结果

资料来源：根据西北大学可视化技术研究提供的数据经由实验而得。

最后，根据身体部位将碎块划分为五大类：A1 类（头部）、A2 类（躯干部分，包括胸部、背部、肩部等，通常由铠甲组成）、A3 类（裙摆部分）、A4 类（上肢部分）、A5 类（下肢部分）。由图 5-5 可见，本章所提的碎块分类方法能够实现兵马俑碎块的有效分类。为了验证本章所提碎块分类方法的准确率，对 508 个碎块再分别采用表面形状特征分类法（杨戈，2014）和多特征融合分类法（魏阳，2017）进行分类，三种分类方法的准确率如表 5-1 所示。

表 5-1　分类方法的准确率

碎块分类	表面形状特征分类法/%	多特征融合分类法/%	本章分类方法/%
A1	80.16	85.24	**89.96**
A2	76.24	81.52	**86.02**
A3	74.63	79.47	**85.10**
A4	77.04	82.12	**87.44**
A5	75.42	80.28	**85.78**
平均值	76.70	81.73	**86.86**

资料来源：根据西北大学可视化技术研究所提供的数据经由实验而得。

由表 5-1 可见，本章的碎块分类方法具有最高的准确率，比表面形状特征分类法和多特征融合分类法的准确率分别提高了约 10%和 5%。这是由于表面形状特征分类法提出的基于表面形状特征聚类的碎块分类必须依据兵马俑的表面形状特征进行，对表面特征不明显的二次分类效果不佳；多特征融合分类法提出的基于多特征和 SVM 的分类方法采用的碎块表面特征相对简单，虽然工作效率较高，但是分类准确率不够高；而本书所采取的碎块分类方法是一种层次化的分类方法，首先对表面特征明显的碎块采用基于显著区域的方法进行分类，然后对表面特征不明显的碎块的二维图像信息进行基于形状特征的二次分类，因此具有较高的准确率。

虽然本书的碎块二次分类方法比已有的一些分类方法在准确率方面有了一定程度的提高，但是依旧存在一定的分类误差。这是由兵马俑碎块模型本身的特点决定的，兵马俑在发掘出土时破损较为严重，碎块大小不一，表面纹理存在一定程度的缺失，因此，容易造成不同部位的碎块分类错误。同时，二维形状特征主要对较为完整的头部、手部以及脚部等部位碎块的分类效果较好，对于破损严重的碎块依旧不能取得更好的分类效果。因此，在今后的研究中要进一步提取更加有效的分类特征，以提高兵马俑碎块分类的准确率。

第六节　本章小结

兵马俑碎块模型是一种复杂的数据模型，其数量大、形状各异，且存在缺损。本章针对传统分类方法对兵马俑碎块分类准确率较低的问题，提出一种基于显著区域和二维形状特征的碎块分类方法。首先，通过碎块外表面显著性区域的匹配实现碎块初步分类；其次，提取表面特征不明显碎块的二维形状特征；最后，采用 SVM 分类器对表面特征不明显的碎块进行精确分类。该方法对表面几何特征区别明显的兵马俑碎块的分类效果较好，但是对于大量表面特征不明显碎块的分类效果较差。今后，要进一步考虑纹理缺失、特征交叉等诸多因素对碎块分类的影响，提出普适性更强的碎块分类方法，以提高碎块分类的准确率。

第六章　基于分割线的断裂面提取

由于本书所采用的碎块匹配方法均为基于碎块断裂面的匹配方法，因此，在对碎块进行匹配之前，首先要提取碎块的断裂面。本章提出一种基于分割线的碎块断裂面提取方法，通过分割特征点提取、封闭分割线生成以及断裂面识别等步骤提取文物碎块的断裂面，为后期的断裂面匹配提供初始匹配条件。

第一节　引言

对于文物碎块的三维数据模型，首先需要根据某种算法将碎块外表面进行分割，从而得到一系列的曲面，然后对各个曲面的粗糙程度进行判断，从而对碎块的原始表面和断裂面进行识别。目前，国内外研究者提出了多种物体外表面分割算法，如基于局部凸性和八叉树的点云数据分割算法（傅欢，2012）、基于形态学和 Otsu 的固体火箭发动机 CT 缺陷三维分割算法（陈培兴，2015）、基于多约束的点云分割算法（张翔宇，2015）以及基于最小生成树的点云数据分割算法（孙金虎，2017），但这些算法对结构和形状复杂的兵马俑碎块的分割效果均不佳，因此，需要从算法的分割精度方面做进一步的改善。

针对兵马俑碎块数据模型噪声含量大、结构复杂等特点，本章提出一种基于分割线的断裂面提取方法。首先，利用体积积分不变量判断碎块外表面顶点的凹凸性，并提取凸脊的特征分割点；其次，利用凸脊的特征分割点构造最小生成树（Minimum Spanning Tree，MST），并将 MST 转化为图，从而求得封闭分割线；最后，根据分割线将碎块外表面分割成多张曲面，并通过判断各个曲面的粗糙程度来识别原始表面和断裂面，由此实现碎块的断裂面提取。

第二节　分割线构造

一、分割特征点提取

兵马俑碎块的边界线就是碎块表面的凸起线，因此，首先需要判断碎块模型上顶点的凹凸性。对于兵马俑碎块模型上的顶点，采用体积积分不变量计算凹凸性的方法，通过计算各个顶点的体积积分不变量 $V_r(p)$ 来判断其凹凸性。

为了便于计算，定义 $S_r(p)$ 描述顶点 p 在半径 r 区域内的凹凸性，定义式为：

$$S_r(p)=\frac{3}{4\pi r^3}\left(V_r(p)-\frac{2}{3}\pi r^3\right) \tag{6.1}$$

当 $S_r(p)>0$ 时，$V_r(p)>\frac{2}{3}\pi r^3$，$p$ 为凸顶点；当 $S_r(p)<0$ 时，$V_r(p)<\frac{2}{3}\pi r^3$，$p$ 为凹顶点；当 $S_r(p)=0$ 时，$V_r(p)=\frac{2}{3}\pi r^3$，$p$ 为平面顶点，$S_r(p)\in\left[-\frac{1}{2},\frac{1}{2}\right]$。在实际计算中，需要设置阈值 ε_r，当 $S_r(p)>\varepsilon_r$ 时，p 为凸顶点；当 $S_r(p)<-\varepsilon_r$ 时，p 为凹顶点；当 $-\varepsilon_r\leqslant S_r(p)\leqslant\varepsilon_r$ 时，p 为平面顶点。

碎块曲面的边界线是碎块表面的凸起线。给定一个凸脊，假设其体积积分不变量值 S^{r_e} 为阈值，对曲面上的任意一个顶点 p，定义其在半径为 r 的尺度下的 $\Omega(p, r)$ 为：

$$\Omega(p, r)=\begin{cases}1, & S_r(p)\leqslant S^{r_e}\\ 0, & S_r(p)>S^{r_e}\end{cases} \tag{6.2}$$

定义特征权重 ω 为：

$$\omega = \sum_{r_i} \Omega(p, r_i) \tag{6.3}$$

式中，ω 是在所有尺度下通过对 Ω 进行累加而得到的。

对于兵马俑碎块，在任何尺度下，其轮廓凸起线上顶点的 ω 均较大。比如，在小尺度下，虽然某一顶点在局部极小范围内是凸点，但在大尺度下该顶点却属于平坦或凹区域内的点，那么该点的 ω 依然会比较小，因此，这样的点也不可能是边界线上的顶点。因此，特征点分割算法的具体实现步骤描述如下：

步骤 1：给定两个权重阈值 $\omega_{\min}$ 和 $\omega_{\max}$，初始化一个空集合 Q。

步骤 2：若某一顶点的特征权重值 ω 小于 $\omega_{\min}$，则忽略该点；若该点的凸起权重值 ω 大于 $\omega_{\max}$，则该点的凸脊效果较为显著，需将其加入集合 Q 中；若 $\omega_{\min} \leqslant \omega \leqslant \omega_{\max}$，则该顶点不能加入到集合 Q 中，但是可以参与后续最小生成树的构造。

步骤 3：重复步骤 2，直到所有顶点的凸脊效果判断结束为止。

采用上述的特征点分割算法，即可得到碎块的分割特征点。

二、封闭分割线生成

针对上述提取的特征分割点，接下来构造其 MST，以得到闭合分割线。对于分割特征点集合 Q，构造 MST 的基本思想为：首先，按照特征权重的大小对 Q 中的点进行排序；其次，从排序点中选择种子点，通常选择权重值最大的特征点作为种子点，记作 q，并开始构建 MST；最后，将特征点 q 和其 k 近邻顶点 p' 进行连边，那么，该边的代价为：

$$c(q, p') = \frac{1}{\omega_q \omega_{p'}} + \gamma. \frac{\| q - p' \|}{d} \tag{6.4}$$

式中，d 是该碎块模型的包围盒的对角线长度；γ 是一个平衡参数，用于平衡两特征点权重运算值和两点之间的欧氏距离。

构造 MST 的具体步骤如下：

步骤 1：按照上述边的代价建立一个最小堆 H，然后从最小堆 H 中取出代价最小的边。

步骤 2：若代价最小边的两个顶点在同一棵 MST 中，则将该代价最小边忽略并剔除；否则，连接该两点，并将两棵 MST 合并为一棵 MST；若只有一个顶点在 MST 上，则将该边加入相应的 MST 中即可；若两点均未出现在多棵 MST 上，那么，对该边重新建立一棵 MST。

步骤 3：在特征点集合 Q 中重新选择一个特征点，计算该新特征点的相关边的代价，同时，将这些相关边都加入堆 H 中，并重新将堆 H 调整为最小堆，再选择最小代价边检验其两个顶点的情况，从而对 MST 进行相应的改变。

步骤 4：重复执行步骤 1 到步骤 3，直到堆 H 变成空堆为止，此时 MST 构造完成。

上述方法构造出的 MST 往往是多棵独立的 MST。通常边数较多的 MST 中才包含着主曲面的轮廓线，因此可将孤立的脊线提前删除，然后再进行边界线闭合。此外，该方法构造的 MST 中包含了众多的小叉支，通常这些小叉支都是碎块轮廓线旁边的杂支，这些杂支的深度较小。接下来，采用自下而上的方法对每棵 MST 进行剪枝，剔除小杂支。

首先，定义所有杂支的重要度。对于任意一条杂支 b，假设其组成边为 e_i，e_{i+1}，…，e_j，那么，将该杂支的重要度定义为：

$$Length(b).\ \Pi(c(e_l)) \tag{6.5}$$

式中，$Length(b)$ 表示杂支 b 的深度，$c(e_l)$ 表示杂支 b 中边 e_l 的代价值（$l = i, i+1, \cdots, j$）。

那么，对每棵 MST 进行剪枝的具体步骤描述如下：

步骤 1：设置 MST 中所有节点的访问标志为 False。

步骤 2：从 MST 的非叶子节点中选取最深且未被访问过的节点，并将该节点的访问标志设置为 True，然后，对以该节点为根的所有分支的重要度进行计算，并剪去重要度较小且深度较小的分支。

步骤 3：继续在 MST 中选择最深且未被访问的非叶子节点，并重复步骤

2，直到将 MST 上的所有节点全部访问完为止。此时，MST 上存留的支路即为所要求解的碎块的轮廓线。

此时，生成的 MST 不是封闭的，而对兵马俑碎块外表面进行分割时，则必须对边界线进行封闭。因此，需要将多棵 MST 转化成图 G，再从图 G 中寻找封闭的轮廓线。封闭轮廓线的具体计算思路为：首先，对 MST 中的叶子节点寻找其空间 k 近邻点，该点必须满足 $\omega \geqslant \omega_{\min}$；其次，判断其 k 近邻点是否在图 G 中，若不在图 G 中，则将该近邻点忽略；再次，判断该叶子节点与多个邻近点是否在同一棵 MST 中，若在同一棵 MST 中，并且支路距离长度大于 k，那么，就将该叶子节点与其中一个近邻点连接成边，使得边代价最小，并在图 G 中将该节点与其邻近点进行连通加边；最后，确定图 G 中的子环就是该兵马俑碎块的封闭分割线。

根据上述封闭分割线求解算法，即可得到碎块的封闭分割。

第三节　断裂面识别

对于某一兵马俑碎块，设 S_i 表示该碎块的第 i 个分割曲面，那么，该碎块的曲面提取步骤具体如下：

步骤 1：初始将碎块模型的所有三角面片的访问标志设置为 False，表示这些三角面片均未被访问过。

步骤 2：选取第 i 条分割线，并从第 i 条分割线中任意选择一条边，记为 $\overline{ba}$，假设边 $\overline{ba}$ 是三角形 t_1 和 t_2 共有的边。

步骤 3：选择三角形 t_1 为种子三角形，并将 t_1 添加到栈 S 中。由于 t_1 的法矢 n_{t_1} 和有向边 $\overline{ba}$ 均满足右手规则，那么可判断三角形 t_1 就是分割线内的三角形。

步骤 4：对栈 S 中的元素执行一次出栈操作，将出栈元素记为 t，并查看 t 的访问标志。若 t 已被访问过，则重新转向步骤 4；若 t 的访问标志是 False，则将其设置为 True。

步骤 5：检查分割线上是否含有三角形 t 的边，若含有 t 的边，就检验其是否符合右手规则，若不符合右手规则，则将三角形 t 的访问标志再次设置为 False，同时转向步骤 4；若符合右手规则，则将三角形 t 加入分割面 S_i 中，并将三角形 t 的所有邻边三角形均入栈到 S 中。若三角形 t 没有边在分割线上，那么，t 就是第 i 个分割线内的三角形，同样需要将三角形 t 加入分割面 S_i 中，同时，将三角形 t 的所有邻边三角形均入栈到 S 中。

步骤 6：重复步骤 5，直到 S 变成一个空栈为止，此时分割面便构造完成了。

步骤 7：重复步骤 2 到步骤 6，直到所有曲面提取完毕为止。

接下来，从提取的曲面中识别出断裂面。通常情况下，兵马俑碎块的断裂面较原始表面要明显粗糙，也就是说，断裂面上顶点的法矢变化较原始表面要大。因此，可以根据曲面上所有顶点的法矢变化情况来对断裂面和原始表面进行区分，从而实现断裂面提取。

对于曲面 S，假设包含 m 个顶点，第 i 个顶点 p_i 的法矢为 n_{p_i}，p_i 的二阶邻域内共有 k_1 个顶点，记作 q_j（$j=1, 2, \cdots, k_1$），q_j 的法矢为 n_{q_j}，那么，p_i 的法矢扰动为：

$$e(p_i) = \frac{1}{k_1}\sum_{j=1}^{k_1}\frac{\| n_{p_i} - n_{q_j} \|^2}{\| p_i - q_j \|^2} \tag{6.6}$$

该曲面的法矢扰动为：

$$E = \frac{1}{m}\sum_{i=1}^{m} e(p_i) \tag{6.7}$$

判断各个曲面的法矢扰动 E 的值，若大于给定阈值，表示该曲面为碎块的断裂面；若小于给定阈值，表示该曲面为碎块的原始表面。

第四节　断裂面提取方法的步骤

基于以上分割线构造和断裂面识别的方法，碎块断裂面提取方法的具体步骤描述如下：

步骤1：利用体积积分不变量 $V_r(p)$ 判断碎块模型上顶点 p 的凹凸性。

步骤2：根据顶点 p 的特征权重 ω 的值，提取凸脊分割特征点集 Q 。

步骤3：构造分割特征点集 Q 的最小生成树 MST，对其剪枝并转化成图 G ，从而构造出碎块的封闭分割线。

步骤4：采用本章第三节算法提取出碎块的各个曲面。

步骤5：计算各个曲面上所有顶点的法矢变化情况，从而区分出断裂面和原始面，实现断裂面提取。

第五节　实验结果与分析

在 Visual studio 2010 环境下，Intel Core i7 3. 33GHz 的 CPU、16GB 内存的 Windows 7 64 位 PC 机上实现了断裂面提取方法。本书采用大量兵马俑碎块的三角网格数据模型来验证本章的碎块断裂面提取方法，下面以一个裙摆碎块为例介绍断裂面提取效果，裙摆碎块如图 6-1（a）所示。

首先，采用碎块外表面分割算法，对图 6-1（a）所示的裙摆碎块进行曲面分割，三个不同视角下观察到的分割结果如图 6-1（b）、图 6-1（c）和图 6-1（d）所示。

（a）裙摆碎块　（b）视图 1　（c）视图 2　（d）视图 3

图 6-1　碎块的曲面分割视图

资料来源：根据西北大学可视化技术研究所提供的数据经由实验而得。

接下来，根据以上的曲面分割结果，计算各个曲面的法矢扰动，从而区分开原始表面和断裂面，断裂面提取结果如图 6-2 所示。

（a）断裂面 1　（b）断裂面 2　（c）断裂面 3　（d）断裂面 4

图 6-2　裙摆碎块的断裂面提取结果

资料来源：根据西北大学可视化技术研究所提供的数据经由实验而得。

本书采用的断裂面提取算法可以正确提取兵马俑碎块的特征分割线和断裂面，其主要耗时在数据模型顶点的遍历上，所以执行时间与碎块的大小有关。若碎块的顶点个数为 n，则遍历该碎块所有顶点的时间复杂度为 $O(n)$。本书所示的裙摆碎块，整个遍历算法的耗时约为 1.2 秒。

第六节　本章小结

针对兵马俑碎块的三角网格数据模型，本书提出了一种有效的断裂面提取方法。首先，根据体积积分不变量提取碎块的凸脊特征分割点；其次，通过构造 MST 和剪枝策略提取其闭合边界线；最后，提取各个曲面并根据粗糙度识别出断裂面，从而实现兵马俑碎块的断裂面提取。跟碎块的原始表面相比，若断裂面相对比较粗糙，则该方法能够有效地完成兵马俑碎块的断裂面分割。但是，出于历史原因，兵马俑碎块存在缺失、风化、二次断裂、受潮和变形等问题，因此，对其断裂面的分割也就变得尤为复杂，所以在今后的研究中要综合考虑多种因素对碎块外表面分割的影响，提出更加精准的兵马俑碎块断裂面分割方法。

第七章　基于 ISS 特征点的断裂面匹配

第五章和第六章分析了文物碎块的分类和断裂面提取，接下来主要研究基于断裂面的文物碎块匹配问题。通常情况下，采用全局特征实现碎块断裂面匹配较为耗时耗力，因此，为了提高匹配效率，局部特征成为首选方法。点特征是三维点云模型的一种重要局部特征，通过提取特征点，可以把握模型的局部及整体特征，这对点云匹配以及目标识别等具有重要的研究意义。本章提出基于 ISS 特征点的碎块断裂面匹配方法，采用断裂面上的 ISS 特征点实现断裂面粗匹配，然后采用一种尺度 ICP 算法对 ISS 特征点集进一步精匹配，从而达到碎块断裂面精确匹配的目的。

第一节　引言

基于断裂面的碎块匹配是指采用一定的算法将两个或两个以上碎块相应的断裂面进行匹配拼接的过程，由于多个碎块的匹配可以通过两个碎块的匹配实现，因此，碎块匹配主要研究两个碎块的匹配方法。两个碎块的匹配就是通过某种方法寻找一个三维刚体变换，使得两个待匹配碎块的断裂面的共同部分能够正确匹配和拼接的过程。

在基于特征点的碎块断裂面匹配方法中，特征点检测是一项关键技术。目前出现了许多特征点检测方法，如局部曲率法（葛宝臻，2013）、局部表面面片法（LSP）（Chen，2007）、热核签名法（HKS）（Vanco，1992）、关键点特性评估法（KPQ）（Mian，2010）以及固有形状特征法（ISS）（Zhong，2009）等。这些方法都有各自的适用范围，局部曲率法通常适用于表面曲率变化较为明显的模型；LSP 法和 HKS 法适用于三角网格模型的特征点检测；KPQ 法适用于数量较小点云特征的提取；而 ISS 特征点检测法是在协方差矩阵的特征值分解的基础上进行检测特征点的，可以有效避免在与主方向上具有相似传播的点中寻找候选点，通过非极大值抑制策略筛选出最终的特征点，该方法适用于分布较均匀的点云数据的处理，算法简单、便于实现，可以实现点云的直接处理，应用较为广泛。

鉴于 ISS 特征点检测法的优势，针对全局匹配中存在特征提取耗时长、匹配速度慢等问题，提出一种基于 ISS（Intrinsic Shape Signature）特征点的碎块断裂面匹配方法。首先，提取断裂面上的 ISS 特征点，计算特征点的特征序列，并通过对特征序列的匹配实现断裂面粗匹配；其次，采用一种尺度 ICP 算法对断裂面的特征点集进一步匹配，从而实现断裂面的精匹配，达到碎块匹配的最终目的。

第二节　邻域半径约束的 ISS 特征点提取

碎块断裂面粗匹配分两个步骤进行，首先提取断裂面上的 ISS 特征点，然后匹配特征点，由此将两个碎块初步对齐。本章采用改进的 ISS 检测算法提取断裂面上的特征点。该算法以经典 ISS 算法（李仁忠，2017）为基础，引入邻域半径约束条件，可以更加有效地提高特征点提取的精度和速度。对于兵马俑碎块的某一断裂面 S，假设其对应的点云数据模型为 P，其中包含 N 个顶点，P 上任意一点 p_i 的坐标为 (x_i, y_i, z_i)，$i = 0, 1, \cdots, N-1$，那么，断裂面 S 的 ISS 特征点的提取步骤描述如下：

步骤 1：对点云 P 上的任意一点 p_i，定义一个局部坐标系，并设定其搜索半径为 r_i。

步骤 2：寻找点 p_i 在半径 r_i 范围内的所有点 p_j，并计算其权值 w_{ij}：

$$w_{ij} = \frac{1}{|p_i - p_j|} \tag{7.1}$$

式（7.1）中，$|p_i - p_j| < r_i$。

步骤3：计算点 p_i 的协方差矩阵 $\mathrm{cov}(p_i)$：

$$\mathrm{cov}(p_i) = \sum_{|p_i - p_j| < r_i} \omega_{ij}(p_i - p_j)(p_i - p_j)^{\mathrm{T}} / \sum_{|p_i - p_j| < r_i} \omega_{ij} \tag{7.2}$$

步骤4：计算协方差矩阵 $\mathrm{cov}(p_i)$ 的特征值，假设计算出的特征值为 $\{\lambda_i^1, \lambda_i^2, \lambda_i^3\}$，并将其按照从大到小的顺序排序。

步骤5：选取满足下式的点为ISS特征点：

$$\lambda_i^2 / \lambda_i^1 \leqslant \varepsilon_1, \ \lambda_i^3 / \lambda_i^2 \leqslant \varepsilon_2 \tag{7.3}$$

式（7.3）中，ε_1 和 ε_2 为预先设置的阈值。

依次采用上述步骤，即可完成断裂面上ISS特征点的提取。

第三节　基于ISS特征点的粗匹配

对于断裂面 S 的点云模型 P，其协方差矩阵 $\mathrm{cov}(p_i)$ 的最小特征值对应的特征向量即为法向量 n_i。假设两个待匹配碎块的断裂面为 S_1 和 S_2，其对应的点云模型分别为 P 和 Q，采用ISS检测算法提取的 P 和 Q 的ISS特征点集分别为 X 和 Y。

对于特征点集 X 中的任意一点 x_i，必然存在一个曲面 $z = f(x, y)$ 逼近该点的邻域点云，因此，点 x_i 的曲率可采用该点及其邻域点拟合的局部曲面的曲率来表征。那么，点 x_i 的平均曲率 H_{xi} 和高斯曲率 K_{xi} 分别为：

$$H_{xi} = \frac{EN - 2FM + GL}{2(EG - F^2)} \tag{7.4}$$

$$K_{xi} = \frac{LN - M^2}{EG - F^2} \tag{7.5}$$

式（7.5）中，$L = f_{xx}n$，$N = f_{yy}n$，$M = f_{xy}n$，$E = f_x f_x$，$F = f_x f_y$，$G = f_y f_y$，f_x、f_y、f_{xx}、f_{yy} 和 f_{xy} 为曲面 z 的偏微分。

同样，可以计算特征点集 Y 中点 y_i 的平均曲率 H_{yi} 和高斯曲率 K_{yi}，并将其组成特征序列 $F_{x_i} = (K_{xi}, H_{xi})$ 和 $F_{y_i} = (K_{yi}, H_{yi})$，然后利用特征序列的相似性寻找点 x_i 在 Y 中的匹配点。搜索特征点集 X 和 Y 的匹配点的具体步骤描述如下：

步骤1：求解特征点集 X 和 Y 在每个特征点处的特征序列 F_{x_i} 和 F_{y_j} ，$i = 1, 2, \cdots, n_1, j = 1, 2, \cdots, n_2$，$n_1$ 和 n_2 分别表示特征点集 X 和 Y 中点的数目。

步骤2：对于特征点集 X 中的任意一点 x_i 对应的特征序列 F_{x_i} ，计算 Y 中每个点的特征序列 F_{y_j} 与 F_{x_i} 的相似性，计算式为：

$$T = \sqrt{(K_{xi} - K_{yj})^2 + (H_{xi} - H_{yi})^2} \tag{7.6}$$

步骤3：找出 T 中的最小值 $T_{\min}$ ，若 $T_{\min}$ 小于预置阈值 ε ，则提取相应的特征点对作为匹配点对，若 $T_{\min}$ 大于等于预置阈值 ε ，则继续搜索 X 中下一个特征点在 Y 中的匹配点，直到 X 中的所有点都在 Y 中搜索过为止。

步骤4：提取特征点集 X 和 Y 中的匹配点对，并采用四元数法计算 X 和 Y 变换的旋转矩阵和平移矢量，从而实现点集 X 和 Y 的匹配，并使得点云 P 和 Q 匹配，从而达到断裂面 S_1 和 S_2 粗匹配的目的。

第四节　基于尺度 ICP 的精匹配

通过 ISS 特征点的匹配实现了碎块断裂面的粗匹配，接下来采用尺度 ICP 算法将断裂面上的特征点集进行进一步精匹配。对于以上提取的 ISS 特征点集 X 和 Y ，直接采用 ICP 算法将其匹配的基本步骤描述如下：

步骤1：对于点集 Y 中的任意一点 y_j ，$j = 1, 2, \cdots, N$ ，从点集 X 中寻找其欧几里得最近点 x_i ，得到相关点集 $N_Y(X) = \{x_i \mid d(y_j, x_i) = \arg\min_{x \in X} d(y_j, x)\}$ 。

步骤2：对于点集 $N_Y(X)$ 和 Y ，采用主成分分析法（Principal Component Analysis，PCA）计算其刚体变换，即旋转矩阵 R^k 和平移矢量 t^k ，然后再利用刚体变换（R^k，t^k）更新点集 Y ，得到旋转矩阵 R 和平移矢量 t ，其计算式为：

$$\begin{cases} Y = R^k \cdot Y + t^k \\ R = R^k \cdot R \\ t = R^k \cdot t + t^k \end{cases} \tag{7.7}$$

重复执行步骤1和步骤2，直到达到最大迭代次数或匹配误差达到预定阈值为止。这里的最大迭代次数是一个整数，需要根据具体的实验情况来设置；

匹配误差是指两个三维点云模型的点集匹配的实际情况与真实情况之间的差距，通常用距离来表示，单位为毫米。

在 ICP 算法中未考虑匹配中的尺度因素。鉴于此，本章采用尺度 ICP 算法实现断裂面 ISS 点集的精匹配。

对于特征点集 X 和 Y，对其进行匹配实际上就是求解一个最佳变换 F，使得 $\sum \| X - F(y) \|^2$ 尽可能小。当考虑刚体变换中含尺度因素时，点集 X 和 Y 匹配问题就转换成如下的优化问题：

$$\min Q(s, R, t) = \sum_{\substack{R^{T}R = 1 \\ \det(R) = 1}} \| x - (sRy + t) \|^2 \tag{7.8}$$

式（7.8）中，s 是一个尺度因子。

为了简化算法，假设点集 X 和 Y 含相同数目的点 N，于是式（7.8）简化为：

$$Q(s, R, t) = \sum_{i=1}^{N} \| x_i - (sRy_i + t) \|^2 \tag{7.9}$$

求解式（7.9）关于 t 的偏导数，则有：

$$\frac{\partial Q(s, R, t)}{\partial t} = -2 \times \sum_{i=1}^{N} (x_i - sRy_i - t) = 0 \tag{7.10}$$

于是得到平移矢量 t 的值为：

$$t = \bar{x} - sR\bar{y} \tag{7.11}$$

式（7.11）中，$\bar{x} = \frac{1}{N}\sum_{i=1}^{N} x_i$，$\bar{y} = \frac{1}{N}\sum_{i=1}^{N} y_i$。

于是，式（7.9）可进一步写为：

$$\begin{aligned}
Q(s, R, t) &= \sum_{i=1}^{N} \| x_i - (sRy_i + t) \|^2 \\
&= \sum_{i=1}^{\mathrm{N}} \| (x_i - \bar{x}) - sR(y_i - \bar{y}) \|^2 \\
&= \sum_{i=1}^{N} \| \hat{x}_i \|^2 + s^2 \sum_{i=1}^{N} \| R\hat{y}_i \|^2 - 2s \sum_{i=1}^{N} (\hat{x}_i, R\hat{y}_i) \\
&= \sum_{i=1}^{N} (\hat{x}_i^{T} \hat{x}_i) + s^2 \sum_{i=1}^{N} \| \hat{y}_i^{T} R^{T} R \hat{y}_i \|^2 - 2s \sum_{i=1}^{N} (\hat{x}_i^{T} R \hat{y}_i)
\end{aligned} \tag{7.12}$$

采用矩阵的迹，目标函数（7.12）可进一步写为：

$$Q(s, R, t) = tr(\hat{X}^{\mathrm{T}}\hat{X}) + s^2 tr(\hat{Y}^{\mathrm{T}}\hat{Y}) - 2str(\hat{X}^{\mathrm{T}}\hat{Y}R^{\mathrm{T}}) \tag{7.13}$$

式（7.13）中，$\hat{x}_i = x_i - \bar{x}$，$\hat{y}_i = y_i - \bar{y}$，$X = [\hat{x}_1, \hat{x}_2, \cdots, \hat{x}_N]$，$\hat{Y} = [\hat{y}_1, \hat{y}_2, \cdots, \hat{y}_N]$，$X^{\mathrm{T}} = \begin{bmatrix} \hat{x}_1^{\mathrm{T}} \\ \hat{x}_2^{\mathrm{T}} \\ \vdots \\ \hat{x}_N^{\mathrm{T}} \end{bmatrix}_{N\times n}$，$Y^{\mathrm{T}} = \begin{bmatrix} \hat{y}_1^{\mathrm{T}} \\ \hat{y}_2^{\mathrm{T}} \\ \vdots \\ \hat{y}_N^{\mathrm{T}} \end{bmatrix}_{N\times n}$，$n$ 表示点集的维数。

令 $c_2 = tr(\hat{X}^{\mathrm{T}}\hat{X}) + s^2 tr(\hat{Y}^{\mathrm{T}}\hat{Y})$，$c_2$ 与旋转矩阵 R 无关。根据迹的性质，式（7.13）的最后一个部分 $tr(\hat{X}^{\mathrm{T}}\hat{Y}R^{\mathrm{T}})$ 的计算式为：

$$tr(\hat{X}^{\mathrm{T}}\hat{Y}R^{\mathrm{T}}) = tr(((\hat{X}^{\mathrm{T}}\hat{Y})R^{\mathrm{T}})^{\mathrm{T}}) = tr(R(\hat{X}^{\mathrm{T}}\hat{Y})^{\mathrm{T}}) = tr((\hat{X}^{\mathrm{T}}\hat{Y})^{\mathrm{T}}R) \tag{7.14}$$

因此，目标函数（7.13）可进一步写为：

$$Q(s, R, t) = -c_1 tr((\hat{X}^{\mathrm{T}}\hat{Y})^{\mathrm{T}}R) + c_2 \tag{7.15}$$

令 $A = \hat{X}^{\mathrm{T}}\hat{Y}$，$USV^{\mathrm{T}} = SVD(A)$，那么，最佳旋转矩阵 R 为：

$$R = UCV^{\mathrm{T}} \tag{7.16}$$

式（7.16）中，$C = d(1, 1, \cdots, 1, \det(UV^{\mathrm{T}}))$。

接下来求解尺度因子 s。求解式（7.13）关于 s 的偏导数，并令其为 0，可得到 s 为：

$$s = \frac{tr(\hat{X}^{\mathrm{T}}\hat{Y}R^{\mathrm{T}})}{tr(\hat{Y}^{\mathrm{T}}\hat{Y})} \tag{7.17}$$

通过求解式（7.11）、式（7.16）和式（7.17），即可得到刚体变换的平移矢量 t、旋转矩阵 R 和尺度因子 s。该尺度 ICP 算法在点集匹配过程中的匹配误差 RMS 的计算式为：

$$RMS = \frac{1}{N}\sum_{i=1}^{N} \| x_i - (sRy_i + t) \|^2 \tag{7.18}$$

第五节　本章匹配方法的步骤

采用本章提出的基于 ISS 特征点的断裂面匹配方法，对两个兵马俑碎块匹配的具体步骤描述如下：

步骤 1：对于两个待匹配的兵马俑碎块 B_1 和 B_2，采用基于分割线的断裂面提取方法识别出待匹配碎块的断裂面，假设碎块 B_1 和 B_2 的断裂面集合分别为 $F_1=\{S_{11}, S_{12}, \cdots, S_{1n}\}$ 和 $F_2=\{S_{21}, S_{22}, \cdots, S_{2m}\}$，$n$ 和 m 分别表示碎块 B_1 和 B_2 中所含断裂面的数目。

步骤 2：采用 ISS 检测算法提取断裂面集合 F_1 和 F_2 中所有断裂面上的 ISS 特征点。

步骤 3：在断裂面集合 F_1 中任取一个未与 F_2 中断裂面匹配过的断裂面 S_{1i}（$i=1, 2, \cdots, n$）。

步骤 4：采用 ISS 特征点集匹配方法，将 S_{1i} 与 F_2 中的断裂面 S_{2j} 进行匹配，若匹配误差小于给定阈值，那么，S_{1i} 与 S_{2j} 匹配成功，转到步骤 8；否则匹配失败，转到步骤 5。

步骤 5：取 F_2 中的下一个未与 S_{1i} 匹配过的断裂面进行匹配，直到找到能与 S_{1i} 匹配成功的断裂面或全部匹配完为止。

步骤 6：若在 F_2 中没有找到能与 S_{1i} 匹配成功的断裂面，则取 F_1 中的下一个未匹配过的断裂面与 F_2 的断裂面进行匹配，重复步骤 4 到步骤 5。

步骤 7：此时若将 F_1 和 F_2 中所有断裂面全部匹配过后，没有找到可以匹配的断裂面，那么碎块 B_1 和 B_2 是不能匹配的碎块，否则，若找到可以匹配的断裂面，转到步骤 8。

步骤 8：假设能够匹配的两个断裂面为 S_{1i} 和 S_{2j}，此时两个断裂面已初步对齐，接下来采用尺度 ICP 算法将其进一步精确匹配。

第六节　实验结果与分析

实验中的所有数据均为采用三维激光扫描仪获取的兵马俑碎块数据，采用点云模型表示，碎块已经进行了去噪、补洞、简化以及配准等预处理，且待匹配碎块满足简单的三维刚体变换。首先采用本章方法实现两个碎块的匹配，然后以本章匹配方法为基础，采用子图融合法实现大量碎块的整体匹配拼接。

一、两个碎块的匹配

在两个碎块的匹配实验中，本章采用大量兵马俑碎块的点云数据模型来验证所提匹配方法，以其中四组兵马俑碎块的匹配为例，如图 7-1 所示，其点云模型的点云数目、所属部位类别以及断裂面数目等基本信息如表 7-1 所示。

（a）第 1 组

（b）第 2 组

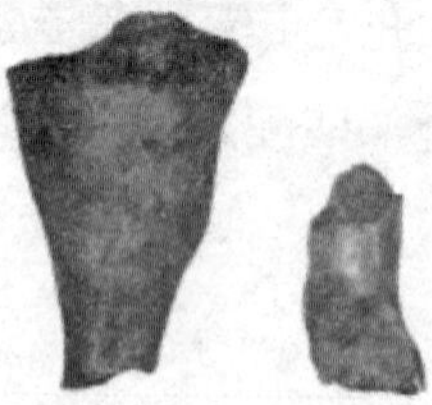

（c）第 3 组

（d）第 4 组

图 7-1　待匹配碎块

资料来源：西北大学可视化技术研究所（2015）。

表 7-1　待匹配碎块的基本信息

碎块组别	所属部位	点云数目（左，右）	断裂面数（左，右）
第 1 组	躯干	18128，30182	5，4
第 2 组	裙摆	21226，36860	3，4
第 3 组	下肢	60620，33014	2，1
第 4 组	上肢	68448，66606	2，5

资料来源：西北大学可视化技术研究所（2015）。

采用本章提出的碎块匹配方法，首先提取碎块断裂面上的 ISS 特征点，并通过对 ISS 特征点的匹配实现碎块粗匹配，粗匹配结果如图 7-2 所示，然后采用尺度 ICP 算法实现碎块精匹配，精匹配结果如图 7-3 所示。

（a）第 1 组　（b）第 2 组　（c）第 3 组　（d）第 4 组

图 7-2　碎块粗匹配结果

资料来源：根据西北大学可视化技术研究所提供的数据经由实验而得。

（a）第 1 组　（b）第 2 组　（c）第 3 组　（d）第 4 组

图 7-3　碎块精匹配结果

资料来源：根据西北大学可视化技术研究所提供的数据经由实验而得。

从图 7-2 和图 7-3 的匹配结果来看，该基于 ISS 特征点的断裂面匹配算法可以在粗匹配阶段将兵马俑碎块基本对齐，在精匹配阶段可以实现碎块的精确对齐，因此，该方法是一种有效的兵马俑碎块匹配方法。

为了验证本章所提匹配方法在匹配精度和速度方面的性能，以图 7-1 所示的四组兵马俑碎块为例，再分别采用基于卷积神经网络的匹配法（舒程珣，2017）和层次化匹配法（赵夫群，2017）进行匹配，其匹配结果如表 7-2 所示。

表 7-2　三种匹配方法的匹配结果

碎块组别	匹配方法	匹配误差/毫米	耗时/秒
第 1 组	基于卷积神经网络的匹配法	0.0297	55
	层次化匹配法	0.0238	49
	基于 ISS 特征点的碎块断裂面匹配算法	**0.0206**	**36**
第 2 组	基于卷积神经网络的匹配法	0.0295	54
	层次化匹配法	0.0237	47
	基于 ISS 特征点的碎块断裂面匹配算法	**0.0234**	**35**
第 3 组	基于卷积神经网络的匹配法	0.0310	58
	层次化匹配法	0.0241	51
	基于 ISS 特征点的碎块断裂面匹配算法	**0.0212**	**47**
第 4 组	基于卷积神经网络的匹配法	0.0304	55
	层次化匹配法	0.0245	48
	基于 ISS 特征点的碎块断裂面匹配算法	**0.0219**	**36**

资料来源：根据西北大学可视化技术研究所提供的数据经由实验而得。

从表 7-2 的匹配结果来看，基于 ISS 特征点的碎块匹配方法的匹配精度最高、耗时最短。与基于卷积神经网络的匹配法相比，其匹配精度和耗时分别提高和减少了约 20%和 10%；与层次化匹配法相比，其匹配精度和耗时分别提高和减少了约 10%和 30%。这是由于基于卷积神经网络的匹配法采用卷积神经网络来实现碎块断裂面的匹配，它将点云深度图像对的特征差作为神经网络的输入，以此计算点云匹配参数以实现碎块断裂面的匹配。虽然该方法可以克服点云匹配中计算量大、不利于实时计算与移动计算的缺点，但是对兵马俑这类刚体文物的匹配效果不佳。层次化匹配法采用显著性区域实现碎块断裂面的匹配，虽然匹配精度较高，但在特征提取过程中的耗时较长，并不适用于数据模型较为复杂的兵马俑碎块的匹配。而本章提出碎块匹配方法通过提取断裂面上的 ISS 特征点实现碎块匹配，对外点不敏感、算法耗时短、匹配精度高。因此说，本章提出的基于 ISS 特征点的碎块断裂面匹配算法是一种高精度、快速的兵马俑碎块断裂面匹配方法。

二、多个碎块的整体拼合

采用基于 ISS 特征点的碎块断裂面匹配方法可以实现两个碎块的匹配，接下来采用子图融合法实现多个兵马俑碎块的整体拼合。碎块整体拼合是指采用一定的算法将所有碎块拼接起来，以恢复兵马俑整体形态的过程。[①] 通常，多个碎块的整体拼合是借助两个碎块的匹配来实现的。采用本章提出的两个碎块断裂面匹配方法可以确定任意两个待拼合碎块之间的匹配关系，由此建立多个碎块间的匹配关系图，然后再将满足匹配关系的碎块进行融合，从而实现多个兵马俑碎块的整体拼合。

本章以 G10-53 号整俑的拼分碎块为例，如图 7-4 所示。

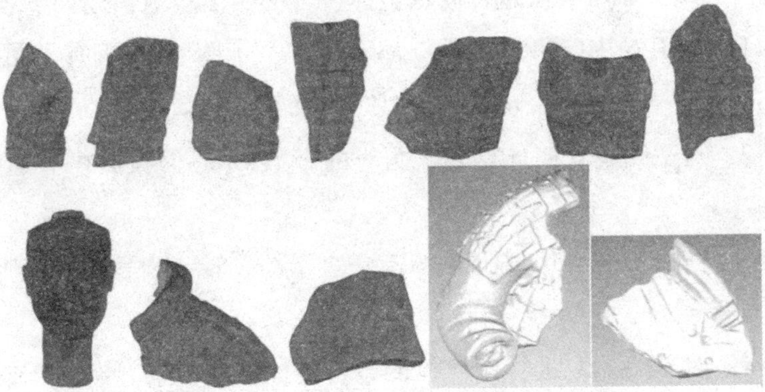

图 7-4　G10-53 号整俑的所有待拼合碎块

资料来源：西北大学可视化技术研究所（2015）。

① 李群辉. 基于断裂面匹配的破碎刚体复原研究［D］. 西安：西北大学，2013.

该俑的47个碎块可以拼合成一个俑，即不存在孤立的碎块。因为一个碎块可能包含多于一个的断合，该俑含碎块47个，由于篇幅所限，这里仅展示部分裂面，也就是说一个碎块可能对应多个不同的匹配碎块，因此这里允许碎块间存在一对多的匹配关系。

基于本章提出的基于ISS特征点的碎块匹配方法，对G10-53号俑的47个碎块进行整体拼合的思想为：首先，采用基于ISS特征点的碎块匹配方法将碎块进行两两匹配，确定碎块间的匹配关系，并根据该匹配关系确定所有碎块的匹配关系图；其次，将满足匹配条件的碎块进行融合，直至所有的碎块融合为一个整体。在融合的过程中允许回溯，即对于碎块融合过程中出现的无法融合的碎块可以进行重新融合。

若将兵马俑碎块看成一个个的节点，那么，根据碎块两两匹配的结果即可建立碎块的匹配关系图 $G(V, E, W)$ 。其中，V 表示图 G 中顶点的集合，每一个顶点就表示一个碎块；E 表示图 G 中边的集合，每一条边就表示该边对应的两个顶点（两个碎块）间存在一个匹配关系；W 表示图 G 中边上权值的集合，通常一条边上有一个权值，表示该边对应的两个节点的匹配误差，也就是两个碎块断裂面的匹配误差。

那么，采用子图融合法进行碎块整体拼合的具体步骤描述如下：

步骤1：将图 G 中的每一个顶点都看作一个子图 G_i ，所有子图构成子图集 $S=\{G_1, G_2, \cdots, G_n\}$ ，n 表示子图的个数。

步骤2：对子图集 S ，计算其子图对的个数 C_n^2 ，假设其中有连接边的子图对个数为 m 。

步骤3：判断若 $m=0$，则说明只有一个子图，转到步骤5，否则选择匹配误差最小的子图对，记为 G_1 和 G_2。

步骤4：对 G_1 和 G_2 进行碰撞检测，若碰撞检测成功，则将子图对 G_1 和 G_2 之间的连边从集合 E 中删除，并重新选择匹配误差最小的子图对 G_1 和 G_2，否则，将子图 G_1 和 G_2 合并为一个子图 G_{12} ，将 G_{12} 加入子图集 S 中，并将子图 G_1 和 G_2 从子图集 S 中删除。

步骤5：判断子图集 S 中子图的个数，若为1，算法结束，否则，转到步骤3。

对于 G10-53 号俑，含碎块数量为 47 个，因此初始子图的数目为 $n = 47$。采用上述的碎块整体拼合算法，该俑的所有碎块的整体拼合结果如图 7-5 所示。

（a）正视图　（b）后视图　（c）左视图　（d）右视图

图 7-5　G10-53 号俑的碎块整体拼合结果

资料来源：根据西北大学可视化技术研究所提供的数据经由实验而得。

由图 7-5 可见，本章的碎块匹配方法可以实现兵马俑碎块断裂面的有效匹配拼合，这是由于实验中采用的碎块已经进行了精细的预处理工作，碎块的噪声含量较小，也就是说少量的噪声对碎块匹配的影响不大。

上述匹配实验中采用的兵马俑碎块均为断裂面上无缺损的低噪声碎块，接下来采用本章碎块匹配方法对图 7-6 所示的两组噪声含量较大的兵马俑碎块进行匹配。

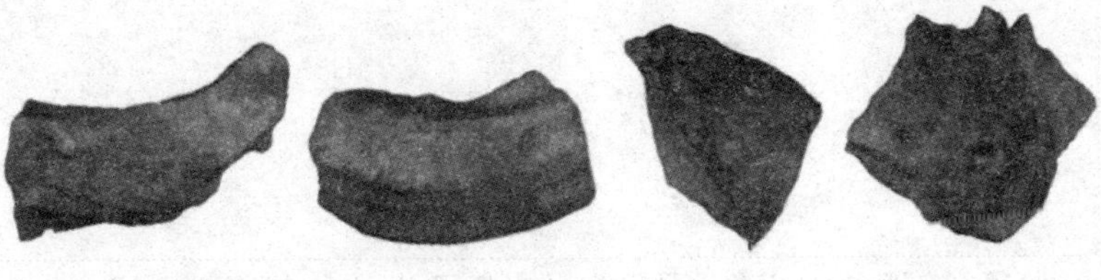

（a）第 1 组　（b）第 2 组

图 7-6　高噪声碎块

资料来源：西北大学可视化技术研究所（2015）。

两组碎块点云模型中点云数目和断裂面数目等基本信息如表 7-3 所示。

表 7-3　噪声碎块的基本信息

碎块组别	所属部位	点云数目（左，右）	断裂面数（左，右）
第 1 组	躯干	46173，48226	4，4
第 2 组	裙摆	38176，42647	4，5

资料来源：西北大学可视化技术研究所（2015）。

图 7-6 中的两组碎块，它们均含有明显的噪声，采用本章匹配方法对其进行匹配，结果如图 7-7 所示。

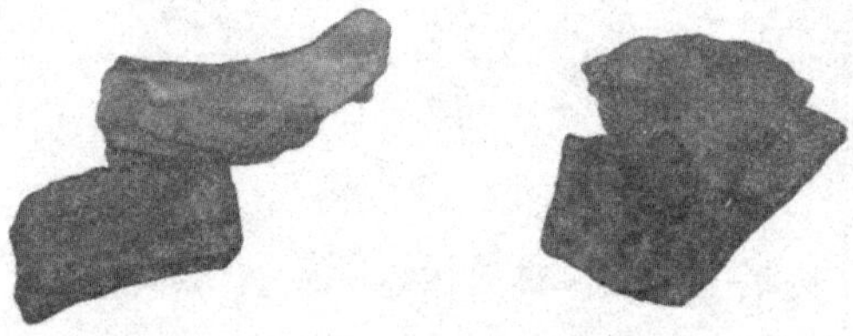

（a）第 1 组　　　　　　（b）第 2 组

图 7-7　高噪声碎块的匹配结果

资料来源：根据西北大学可视化技术研究所提供的数据经由实验而得。

由图 7-7 可见，本章提出的基于 ISS 特征点的碎块匹配方法对噪声含量较大碎块的匹配效果不佳，这是由于大量噪声点的存在使得 ISS 特征点提取过程中的误差较大，从而造成了较大的特征点的匹配误差，进而导致两个本来可以正确匹配的碎块断裂面匹配失败。

第七节　本章小结

针对兵马俑碎块的点云数据模型，本章提出一种基于 ISS 特征点的碎块断裂面匹配方法，可以解决基于全局特征匹配方法中匹配效率低的问题。在粗匹配阶段，首先提取碎块断裂面上的 ISS 特征点，然后通过对 ISS 特征点集的匹配来实现碎块的粗匹配；在精匹配阶段，采用尺度ICP算法将两个特征点集进行进一步匹配，由此实现碎块的最终精确匹配。本章算法对大量的兵马俑碎块进行了匹配实验，检测了算法的时间效率和匹配精度，并与已有的两个代表性匹配方法进行了对比实验，结果表明该匹配方法可以有效提取断裂面上的特征点，实现碎块断裂面的精确匹配。虽然本章提出的基于ISS特征点的断裂面匹配方法具有一定的优越性，但是对噪声含量较大碎块的匹配效果不佳，也就是抗噪性不好，容易造成噪声碎块断裂面点云的错误匹配，因此接下来在第八章主要研究噪声含量大的兵马俑碎块断裂面的匹配问题，以提高碎块匹配的精度。

第八章　特征区域和多参数 ICP 结合的断裂面匹配

第七章利用断裂面上的 ISS 特征点实现了兵马俑碎块断裂面的匹配，虽然取得了较好的匹配效果，但是通过实验验证发现，该方法对噪声含量较高碎块断裂面的匹配问题并不适用。区域特征是一种描述三维模型的重要特征，可以有效消除局部噪声对整体匹配结果的影响。因此，在确保碎块断裂面匹配精度的基础上，本章主要研究噪声含量较高兵马俑碎块的断裂面匹配问题，提出一种区域特征和多参数 ICP 结合的断裂面匹配方法。

第一节　引言

由于兵马俑碎块的断裂面比原始表面明显粗糙，而且呈现出凹凸不平的特点，这些凹凸不平的点构成的或凹或凸的区域即为特征区域。通过对两个断裂面凹凸区域的匹配即可判断两个断裂面是否匹配，从而实现碎块的匹配。由于凹凸区域是由数量较多的点构成的，因此，噪声的存在对断裂面上聚合的特征区域的影响并不大，从而起到了一定的抗噪作用。

针对含噪声较高的兵马俑碎块的点云数据模型，本章提出一种特征区域结合多参数 ICP 的碎块断裂面匹配方法。首先，提取碎块断裂面上或凹或凸的特征区域，并通过对特征区域的匹配实现碎块粗匹配；然后，通过加入高斯分布模型、角度约束和动态迭代系数等多种参数的方式来改进 ICP 算法，并采用该多参数 ICP 算法实现两个断裂面的精匹配，从而实现兵马俑碎块的最终精确匹配。在该多参数 ICP 算法中，高斯分布模型可以有效抑制噪声点对匹配结果的影响，角度约束可以解决刚体变换中旋转角变化过大引起的匹配效果不佳的问题，而动态迭代系数则可以在不影响匹配精度的情况下有效提高匹配速度。

第二节　基于凹凸性判断的特征区域提取

断裂面上的特征区域是指一个连通的或凹或凸的局部区域，平面区域不予考虑。对于断裂面上的顶点，其凹凸性的判断采用体积积分不变量计算凹凸性的方法实现，即通过计算其体积积分不变量的值来判断顶点的凹凸性。

基于顶点凹凸性的判断，断裂面上特征区域的提取算法具体描述如下：

步骤 1：计算断裂面上各个顶点的体积积分不变量 $V_r(p)$ 。

步骤 2：根据 $V_r(p)$ 对断裂面上的顶点进行分类，即将顶点分为凸顶点、凹顶点和平面顶点三类，并将凸顶点加入到集合 S_t 中，凹顶点加入集合 S_a 中。

步骤 3：对凸顶点集合 S_t 和凹顶点集合 S_a 中的顶点，分别进行聚类，那么就将碎块的断裂面划分成了若干个或凹或凸的特征区域。

采用上述特征区域提取算法提取的某一碎块断裂面上的特征区域如图8-1所示。其中，凹区域为红色标记的区域，凸区域为绿色标记的区域，平面区域为蓝色标记的区域。因此，红色的凹区域和绿色的凸区域即为提取的特征区域。

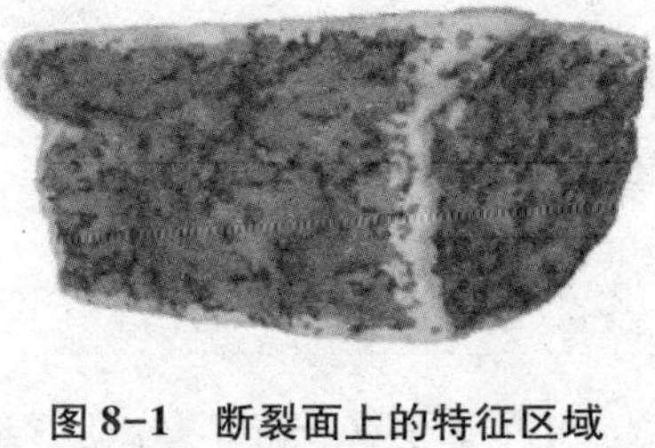

图 8-1　断裂面上的特征区域

资料来源：根据西北大学可视化技术研究所提供的数据经由实验而得。

第三节　基于特征区域相似性判断的粗匹配

特征区域粗匹配就是对不同碎块的断裂面上的特征区域进行匹配。设有两个特征区域 R_1 和 R_2，并且 R_1 和 R_2 分别属于两个不同碎块的断裂面 S_1 和 S_2，若特征区域 R_1 和 R_2 能够同时满足以下三个条件，那么，R_1 和 R_2 就是相似区域。

（1）区域 R_1 和 R_2 的类型不同，若 R_1 为凸区域，那么 R_2 必然为凹区域，若 R_1 为凹区域，那么 R_2 必然为凸区域。

（2）区域 R_1 和 R_2 具有相近的主成分。

（3）区域 R_1 和 R_2 的面积大小接近。

对于特征区域的相似性计算，本章采用主成分分析法（Principal Component Analysis，PCA）（Wang，2018）实现。

对于特征区域 R，假设其包含了 n 个顶点，记作 $\{p_1, p_2, \cdots, p_n\}$，顶点的坐标记作 (x_i, y_i, z_i)，那么特征区域 R 的质心的计算式为：

$$\bar{p} = \frac{1}{n}\sum_{i=1}^{n} p_i \tag{8.1}$$

特征区域 R 的 3×3 的协方差矩阵 M 的计算式为：

$$M = \sum_{i=1}^{n}\left[(p_i - \bar{p})(p_i - \bar{p})^{\mathrm{T}}\right] \tag{8.2}$$

假设计算得到的 M 的特征值为 $\lambda_0^R \geqslant \lambda_1^R \geqslant \lambda_2^R$，则将其定义为区域 R 的主成分，其对应的特征向量为 n_0^R，n_1^R，n_2^R，将其定义为区域 R 的主方向。

那么，定义各项异性特征 $A(R)$ 为：

$$A(R) = \left|\frac{\lambda_1^R}{\lambda_0^R}\right|^{\frac{1}{2}} \tag{8.3}$$

对于两个特征区域 R_1 和 R_2，且 R_1 和 R_2 分别属于两个不同碎块的断裂面 S_1 和 S_2，定义 $SA(R_1, R_2)$ 为：

$$SA(R_1, R_2)=\left|\frac{A(R_1)-A(R_2)}{A(R_1)+A(R_2)}\right| \tag{8.4}$$

判断 $SA(R_1, R_2)$ 的值，若 $SA(R_1, R_2) < \varepsilon_a$，则认为 R_1 和 R_2 具有相近的主成分，ε_a 为提前设定的阈值。

设 R_1 和 R_2 的面积分别为 $N(R_1)$ 和 $N(R_2)$，则定义 $SN(R_1, R_2)$ 为：

$$SN(R_1, R_2)=\left|\frac{N(R_1)-N(R_2)}{N(R_1)+N(R_2)}\right| \tag{8.5}$$

判断 $SN(R_1, R_2)$ 的值，若 $SN(R_1, R_2) < \varepsilon_n$，则认为 R_1 和 R_2 的面积大小相近，ε_n 为提前设定的阈值。

根据以上对特征区域的相似性的计算结果，再采用穷举法寻找其最优匹配，并计算其三维刚体变换，即可实现碎块断裂面的粗匹配。

第四节　多参数 ICP 的断裂面精匹配

在精匹配阶段，采用多参数 ICP 算法来实现碎块断裂面上顶点的进一步匹配。多参数 ICP 算法是以 ICP 算法为基础，并引入高斯分布模型、角度约束和动态迭代系数，可以提高碎块精匹配的速度、精度和抗噪性等，达到两个碎块断裂面精确匹配的目的。

一、ICP 算法

对于两个待匹配的断裂面 S_1 和 S_2，假设其对应的点集分别为 $M=\{m_i\}_{i=1}^{N_M}$ 和 $D=\{d_j\}_{j=1}^{N_D}$，N_M 和 N_D 分别表示点集 M 和 D 中的点数，它们之间满足三维刚体变换，则点集 M 和 D 之间的距离可描述为：

$$\min_{R,\ t,\ j\in\{1,\ 2,\ \cdots,\ N_D\}}\left(\sum_{i=1}^{N_M}\|(Rm_i+t)-d_j\|_2^2\right)$$
$$\text{s. t.}\quad R^{\mathrm{T}}R=I_n,\ \det(R)=1 \tag{8.6}$$

式（8.6）中，R 为旋转矩阵，t 为平移矢量。

在每次迭代过程中，ICP 算法都要在 D 中通过寻找距离 M 最近的点来建立它们之间的相关性，以实现刚体变换。

ICP 算法的基本步骤描述如下：

步骤 1：首先，根据第 $k-1$ 步的已知刚体变换 R_{k-1} 和 t_{k-1}，将点集 M 进行 $R_{k-1}m_i + t_{k-1}$ 变换；然后，建立两个点集之间的相关性 $c_k(i)$，其计算式为：

$$c_k(i) = \underset{j \in \{1, 2, \cdots, N_D\}}{\arg\min} \| (R_{k-1}m_i + t_{k-1}) - d_j \|_2^2 \tag{8.7}$$

式（8.7）中，$i = 1, 2, \cdots, N_M$。

步骤 2：计算点集 M 和 D 的刚体变换，其数学描述为：

$$(R_k, t_k) = \underset{R_k^{\mathrm{T}}R_k = I_n,\ \det(R) = 1}{\arg\min} \left(\sum_{i=1}^{N_M} \| R_k m_i + t_k - d_{c_k(i)} \|_2^2 \right) \tag{8.8}$$

重复步骤 1 和步骤 2，直到达到迭代终止条件，由此实现两个点集的匹配。由于兵马俑碎块数据量大，且噪声含量高，采用 ICP 对其断裂面进行匹配的速度和精度均不高，因此，本章提出一种基于多参数 ICP 的断裂面精匹配算法。

二、多参数 ICP 算法

多参数 ICP 算法以 ICP 算法为基础，分三个步骤进行，首先，加入高斯分布模型以提高算法的抗噪性；其次，加入角度约束以解决因旋转角变化过大而引起的匹配效果不佳的问题；最后，加入动态迭代系数来提高算法的收敛速度。

（一）高斯分布模型

假设两个待匹配断裂面 S_1 和 S_2 所对应的点集为 $M = \{m_i\}_{i=1}^{N_M}$ 和 $D = \{d_j\}_{j=1}^{N_D}$，则可将这两个点集的匹配问题转化为概率密度估计问题。

根据全概率公式，点集 M 的概率可表示为：

$$p(m) = \sum_{j=1}^{N_D} p(d_j) p(m \mid d_j) \tag{8.9}$$

如果点集 M 和 D 都满足高斯分布，那么它们之间的关系可描述为：

$$p(m \mid d)=\frac{1}{(2\pi\sigma^2)^{n/2}}\exp^{-\frac{\| T(m)-d \|_2^2}{2\sigma^2}} \tag{8.10}$$

式（8.10）中，σ^2 表示高斯分布的方差；n 表示点集的维数，对于兵马俑碎块的三维点云数据模型，$n=3$；$T(m)$ 表示 m 的刚体变换，$\| T(m)-d \|_2^2$ 表示点集 $T(m)$ 和 d 间的距离。

本章采用的兵马俑碎块的三维点云数据是经过简化的，假设其满足均匀分布。因此，对于点集 D 有：

$$p(d)=\frac{1}{N_D} \tag{8.11}$$

似然函数的目标函数可定义为：

$$F(m;R,t,\sigma^2)=-\sum_{i=1}^{N_M}\log p(m_i \mid R,t,\sigma^2)=-\sum_{i=1}^{N_M}\log\sum_{j=1}^{N_D}p(m_j)p(m_i \mid d_j,R,t,\sigma^2) \tag{8.12}$$

建立求解刚体变换的新目标函数为：

$$M(\tilde{R}_k,\tilde{t}_k,\tilde{\sigma}_k)=\sum_{i=1}^{N_M}\sum_{j=1}^{N_D}p(d_j \mid m_i,R_{k-1},t_{k-1},\sigma_{k-1}^2)\times\log(p(d_j)p(m_i \mid d_j,\tilde{R}_k,\tilde{t}_k,\tilde{\sigma}_k^2)) \tag{8.13}$$

令 $p_i^{k-1}=p(d_{c_k(i)} \mid m_i,\tilde{R}_k,\tilde{t}_k,\tilde{\sigma}_k^2)$。由于 ICP 算法中两个点集的相关性是一对一的，因此，式（8.13）可简化为：

$$M(\tilde{R}_k,\tilde{t}_k,\tilde{\sigma}_k^2)=-\sum_{i=1}^{N_M}p_i^{k-1}\times\frac{\| \tilde{R}_k m_i+\tilde{t}_k-d_{c_k(i)} \|_2^2}{2\tilde{\sigma}^2}-\sum_{i=1}^{N_M}p_i^{k-1}\times\log(N_D(2\pi\tilde{\sigma}_k^2)^{\frac{n}{2}}) \tag{8.14}$$

式（8.14）中，只有 $-\sum_{i=1}^{N_M}p_i^{k-1}\times\log(N_D(2\pi\tilde{\sigma}_k^2)^{\frac{n}{2}})$ 与刚体变换有关，因此，最大化式（8.14）的问题就等价于关于旋转矩阵和平移向量最大化 $-\sum_{i=1}^{N_M}p_i^{k-1}\times\log(N_D(2\pi\tilde{\sigma}_k^2)^{\frac{n}{2}})$ 的问题，因此，求解目标进一步转化为：

$$(R_k,t_k)=\mathop{\arg\min}_{\tilde{R}_k^{T}\tilde{R}_k=I_n,\ \det(\tilde{R})=1,\ \tilde{t}_k}\sum_{i=1}^{N_M}p_i^{k-1}\times\frac{\| \tilde{R}_k m_i+\tilde{t}_k-d_{c_k(i)} \|_2^2}{2\tilde{\sigma}^2} \tag{8.15}$$

（二）角度约束

角度约束是指为刚体变换中的旋转角设置边界（即上界和下界），其目的是解决因旋转角度变化过大而引起的配准失败问题。

首先，定义旋转矩阵 R 为：$R = R_xR_yR_z$ 。R_x，R_y，R_z 分别为：

$$R_x = \begin{bmatrix} 1 & 0 & 0 \\ 0 & \cos\theta_x & -\sin\theta_x \\ 0 & \sin\theta_x & \cos\theta_x \end{bmatrix},\ R_y = \begin{bmatrix} \cos\theta_y & 0 & \sin\theta_y \\ 0 & 1 & 0 \\ -\sin\theta_y & 0 & \cos\theta_y \end{bmatrix},$$

$$R_z = \begin{bmatrix} \cos\theta_z & -\sin\theta_z & 0 \\ \sin\theta_z & \cos\theta_z & 0 \\ 0 & 0 & 1 \end{bmatrix}。$$

上式中，θ_x，θ_y，θ_z 是旋转角，θ_{xb}，θ_{yb}，θ_{zb} 是旋转角的均值，$\Delta\theta_x$，$\Delta\theta_y$，$\Delta\theta_z$ 是旋转角的偏差，$\theta_{xb} - \Delta\theta_x$，$\theta_{yb} - \Delta\theta_y$，$\theta_{zb} - \Delta\theta_z$ 是旋转角的下界，$\theta_{xb} + \Delta\theta_x$，$\theta_{yb} + \Delta\theta_y$，$\theta_{zb} + \Delta\theta_z$ 是旋转角的上界。①

本章采用 PCA 方法来计算旋转角的主成分矢量。由于兵马俑碎块断裂面的匹配属于三维点集的刚体匹配，因此，如果断裂面点集 M 和 D 能够正确匹配，那么它们必然具有相似的点分布。因此，当它们正确匹配时，旋转角的三对主成分矢量都接近 0° 或 180°，所以，旋转角可以通过旋转角的三对主成分矢量来估计。

假设点集 M 和 D 的主成分分别为：$V_M = \{V_{M1}, V_{M2}, V_{M3}\}$ 和 $V_D = \{V_{D1}, V_{D2}, V_{D3}\}$，$V_{Mi}$ 和 V_{Di} 是 3×1 的矢量。那么，点集 D 中有八组主成分满足条件：$V_D^1 = \{V_{D1}, V_{D2}, V_{D3}\}$，$V_D^2 = \{V_{D1}, V_{D2}, -V_{D3}\}$，$V_D^3 = \{V_{D1}, -V_{D2}, V_{D3}\}$，$V_D^4 = \{V_{D1}, -V_{D2}, -V_{D3}\}$，$V_D^5 = \{-V_{D1}, V_{D2}, V_{D3}\}$，$V_D^6 = \{-V_{D1}, V_{D2}, -V_{D3}\}$，$V_D^7 = \{-V_{D1}, -V_{D2}, V_{D3}\}$，$V_D^8 = \{-V_{D1}, -V_{D2}, -V_{D3}\}$。

为了使点集 M 和 D 匹配成功，旋转矩阵 R^j 必须满足：$R^jV_M = V_D^j$，所以 $R^j = V_D^jV_M^{-1}$，$j \in \{1, 2, \cdots, 8\}$。旋转矩阵 R^j 中能够使点集 M 和 D 最佳匹配的旋

① Rotation M, Wikipedia. The Free Encyclopedia [EB/OL]. (2015-10-15) [2021-12-15]. http://en.wikipedia.org/windex.php?title=Rotation_matrix&oldid=624815514.

转矩阵 R_B 即为最佳旋转矩阵，其计算式为：

$$R_B=\begin{bmatrix}\cos(\theta_{yb})\cos(\theta_{zb}) & -\cos(\theta_{yb})\sin(\theta_{zb}) & \sin(\theta_{yb}) \\ \sin(\theta_{xb})\sin(\theta_{yb})\cos(\theta_{zb})+ & -\sin(\theta_{xb})\sin(\theta_{yb})\sin(\theta_{zb})+ & -\sin(\theta_{xb}) \\ \cos(\theta_{xb})\sin(\theta_{zb}) & \cos(\theta_{xb})\cos(\theta_{zb}) & \cos(\theta_{yb}) \\ -\cos(\theta_{xb})\sin(\theta_{yb})\cos(\theta_{zb})+ & \cos(\theta_{xb})\sin(\theta_{yb})\sin(\theta_{zb})+ & \cos(\theta_{xb}) \\ \sin(\theta_{xb})\sin(\theta_{zb}) & \sin(\theta_{xb})\sin(\theta_{zb}) & \cos(\theta_{yb})\end{bmatrix} \tag{8.16}$$

由此，旋转角的均值 θ_{xb}，θ_{yb}，θ_{zb} 都可以通过式（8.16）计算得到。旋转角的偏差 $\Delta\theta_x$，$\Delta\theta_y$，$\Delta\theta_z$ 的值取决于点集的相似程度，具体由实验情况给出，为了计算方便，通常将其设置为 $\Delta\theta_x=\Delta\theta_y=\Delta\theta_z=10°$。

那么，点集 M 和 D 的匹配问题可进一步描述为：

$$\begin{cases}(R_k,\ t_k)=\underset{\tilde{R}_k^{\mathrm{T}}\tilde{R}_k=I_n,\ \det(\tilde{R})=1,\ \tilde{t}_k}{\arg\min}\displaystyle\sum_{i=1}^{N_M}p_i^{k-1}\times\frac{\|\tilde{R}_k m_i+\tilde{t}_k-d_{c_k(i)}\|_2^2}{2\tilde{\sigma}^2} \\ \text{s. t.}\quad R^{\mathrm{T}}R=I_{\mathrm{n}},\ \det(R)=1 \\ \theta_r\in[\theta_{xb}-\Delta\theta_x,\ \theta_{xb}+\Delta 0_x] \\ \theta_y\in[\theta_{yb}-\Delta\theta_y,\ \theta_{yb}+\Delta\theta_y] \\ \theta_z\in[\theta_{zb}-\Delta\theta_z,\ \theta_{zb}+\Delta\theta_z]\end{cases} \tag{8.17}$$

式（8.17）是一个不等式约束的优化问题，可以采用基于定区间内目标函数的单调性的封闭算法（Liu，2010）来解决。

定义均方根（Root Mean Square，RMS）误差为：

$$RMS=\frac{1}{N_M}\left(\sum_{i=1}^{N_M}p_i\times\|R_k m_i+t_k-d_{c_k(i)}\|_2^2\right)^{\frac{1}{2}} \tag{8.18}$$

定义方差为：

$$\hat{\sigma}_k^2=\sum_{i=1}^{N_M}p_i^{k-1}\times\frac{\|R_k m_i+t_k-d_{c_k(i)}\|_2^2}{n} \tag{8.19}$$

定义高斯分布方差的更新公式为：

$$\sigma_k^2=\begin{cases}\hat{\sigma}_{k-1}^2/\lambda & \hat{\sigma}_{k-1}^2/\lambda>\hat{\sigma}_k^2 \\ \hat{\sigma}_k^2 & \hat{\sigma}_{k-1}^2/\lambda<\hat{\sigma}_k^2\end{cases} \tag{8.20}$$

式（8.20）中，λ 是退火系数。当 $\lambda = 1$ 时，方差不会更新，退化为 ICP 算法。当 λ 取值较大时，可以有效地提高算法的迭代速度，但是容易陷入局部最小值。通常 λ 的取值在 1~2，其取值由具体的实验来决定。

因此，后验高斯分布的计算式为：

$$p(d_{c_k(i)} \mid m_i, R_k, t_k, \sigma_k^2) = \frac{1/(2\pi\sigma_k^2)^{\frac{n}{2}} \exp^{-\frac{\|(R_k m_i + t_k) - d_{c_k(i)}\|_2^2}{2\sigma_k^2}}}{\sum_{i=1}^{N_M} 1/(2\pi\sigma_k^2)^{\frac{n}{2}} \exp^{-\frac{\|(R_k m_i + t_k) - d_{c_k(i)}\|_2^2}{2\sigma_k^2}}} \tag{8.21}$$

（三）动态迭代系数

动态迭代系数是一个整数值，用于自动调整刚体变换参数，它可以在不影响算法的匹配精度和收敛方向的情况下，大大降低算法的迭代次数、提高收敛速度。动态迭代系数 h 是一个整数，通常是大于等于 0 的。当 h 不同时，算法的收敛速度也不同，随着动态迭代系数 h 的增大，算法的收敛速度也会越来越快，但当 h 增大到一定的程度时，收敛曲线就会出现震荡，可能不再收敛了。① 因此，根据实验情况，要选取合适的动态迭代系数值。

在 ICP 算法中加入动态迭代系数 h 的步骤如下：

步骤 1：计算刚体变换矢量 $q = [R \mid t]^T$ 以及 q_{k-1} 的相邻两次迭代的变化量 Δq_{k-1}。

步骤 2：利用刚体变换矢量的变化量 Δq_{k-1} 更新 ICP 算法中的 M_k 共 h 次，即执行 $M_k = \Delta q_{k-1}(M_{k-1})$ 共 h 次。ICP 算法通过 $M_k = q_{k-1}(M_0)$ 来计算新的点集，而加入动态迭代系数 h 后的 ICP 算法则通过 $M_k = \Delta q_{k-1}(M_{k-1})$ 来计算新的点集。

（四）多参数 ICP 算法的步骤

多参数 ICP 算法的具体步骤描述如下：

步骤 1：给定刚体变换的初值 $q = [R_0, t_0]^T$，其中 R_0 为初始旋转矩阵，t_0 为初始平移矢量，令 $M_0 = R_0 M + t_0$，退火系数 $\lambda \in (1, 2]$，初始概率 $p_i^0 =$

① Li W M, Song P F. A modified ICP algorithm based on dynamic adjustment factor for registration of point cloud and CAD model [J]. Pattern Recognition Letters, 2015, 65 (11): 88-94.

$\frac{1}{N_x}(i=1, 2, \cdots, N_x)$，迭代次数 $k=0$，动态迭代系数 $h=0$。

步骤 2：估计旋转角度 θ_x，θ_y，θ_z 的边界，即 $\theta_x \in [\theta_{xb}-\Delta\theta_x, \theta_{xb}+\Delta\theta_x]$、$\theta_y \in [\theta_{yb}-\Delta\theta_y, \theta_{yb}+\Delta\theta_y]$ 和 $\theta_z \in [\theta_{zb}-\Delta\theta_z, \theta_{zb}+\Delta\theta_z]$。

步骤 3：令 $k=k+1$，并建立相关性 $c_k(i) \in \{1, 2, \cdots, N_D\}$。

步骤 4：利用奇异值分解（Singular Value Decomposition，SVD）方法计算刚体变换，即旋转矩阵 R_k 和平移矢量 t_k。

步骤 5：计算最优旋转角 θ_{xo}，θ_{yo}，θ_{zo}，最优旋转矩阵 $R_{opt}=R_{xo}R_{yo}R_{zo}$，平移矢量 $t_k=\frac{1}{N_M}(-R_k\sum_{i=1}^{N_M}m_i+\sum_{i=1}^{N_M}d_{c_k(i)})$，以及 q_k 的相邻两次迭代的变化量 Δq_k。

步骤 6：计算 $M_k=R_kM+t_k$。

步骤 7：判断均方根误差 RMS，若 $RMS_k-RMS_{k-1}>0$，则执行 $h=h+1$ 操作，否则执行 $h=0$ 操作。

步骤 8：判断动态迭代系数 h，若 $h>0$，则通过执行 $M_k=\Delta q_k(M_k)$ 共 h 次来更新点集 M_k。

步骤 9：计算两组点集的方差，并更新高斯分布的方差。

步骤 10：计算后验高斯分布，直到满足 $|RMS_k-RMS_{k-1}|<\varepsilon$ 或 $k>Step_{\max}$ 时算法才终止，否则转到步骤 3。这里，ε 和 $Step_{\max}$ 是预先设置的阈值。

第五节　本章匹配方法的步骤

采用特征区域结合多参数 ICP 的断裂面匹配方法，对两个兵马俑碎块进行匹配，具体步骤如下：

步骤 1：假设两个待匹配的碎块为 B_1 和 B_2，提取的断裂面集合分别为 $F_1=\{S_{11}, S_{12}, \cdots, S_{1n}\}$ 和 $F_2=\{S_{21}, S_{22}, \cdots, S_{2m}\}$，$n$ 和 m 分别表示碎块 B_1 和 B_2 中所含断裂面的数目。

步骤 2：采用断裂面提取方法提取断裂面集合 F_1 和 F_2 中所有断裂面的特

征区域。

步骤 3：在断裂面集合 F_1 中任取一个未与 F_2 中断裂面匹配过的断裂面 S_{1i}（$i=1$，2，…，n）。

步骤 4：采用特征区域相似性判断方法，将 S_{1i} 与 F_2 中的断裂面 φ_{2j} 进行匹配，若匹配误差小于给定阈值，那么，S_{1i} 与 S_{2j} 匹配成功，转到步骤 8，否则匹配失败，转到步骤 5。

步骤 5：取 F_2 中的下一个未与 S_{1i} 匹配过的断裂面进行匹配，直到找到能与 S_{1i} 匹配成功的断裂面或全部匹配完。

步骤 6：若在 F_2 中没有找到能与 S_{1i} 匹配成功的断裂面，则取 F_1 中的下一个未匹配过的断裂面与 F_2 的断裂面进行匹配，重复步骤 4 到步骤 5。

步骤 7：此时若将 F_1 和 F_2 中所有断裂面全部匹配过后，没有找到可以匹配的断裂面，那么，碎块 B_1 和 B_2 是不能匹配的碎块，若找到可以匹配的断裂面，转到步骤 8。

步骤 8：假设能够匹配的两个断裂面为 S_{1i} 和 S_{2j}，经过上述步骤，已经通过特征区域的相似性判断将两个断裂面初步对齐，接下来采用本章第四节提出的多参数 ICP 算法将两个断裂面进一步对齐，从而实现两个碎块的最终精确匹配。

第六节　实验结果与分析

本章算法在 Visual studio 2010 环境下，在 Intel Core i7 3.33GHz 的 CPU、16GB 内存的 Windows 7（64 位）PC 机上进行了实现。所有数据均为三维激光扫描仪获取的刚体碎块数据，采用点云模型表示，且待匹配碎块满足简单的三维刚体变换。首先，采用网络上的公共数据模型验证本章碎块断裂面匹配方法，即石头和灰泥碎块数据模型（Huang，2010）；然后，采用兵马俑碎块数据模型来验证本章匹配方法。石头和灰泥碎块数据模型的外表面相对光滑，噪声含量较小，匹配相对容易。而兵马俑碎块数据模型的结构比较复杂，虽然已经进行过数据预处理，但是数据量依旧较大，且噪声含量较高。

一、两个碎块的匹配

在两个碎块的匹配实验中，采用公共碎块数据模型验证本章匹配方法，即两组石头碎块和两组灰泥碎块。首先，采用基于特征区域的粗匹配算法将碎块断裂面进行初步对齐；然后，再采用本章提出的多参数 ICP 算法将碎块的断裂面进行精匹配。实验中，精匹配阶段选取的旋转角偏差为 $\Delta\theta_x = \Delta\theta_y = \Delta\theta_z = 10°$，动态迭代系数 $h = 3$，公共碎块的最终匹配结果如图 8-2 所示。

（a）第 1 组石头碎块

（b）第 2 组石头碎块

（c）第 3 组灰泥碎块

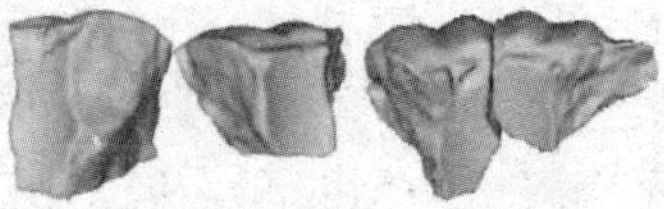

（d）第 4 组灰泥碎块

图 8-2　公共碎块匹配结果

资料来源：斯坦福大学（1996）。

由图 8-2 的碎块匹配结果可见，本章提出的碎块断裂面匹配方法能很好地完成公共碎块的匹配。

为了进一步验证本章所提多参数 ICP 精匹配算法的性能，在基于特征区域粗匹配算法的基础上，对两个已初步对齐的断裂面再分别采用 ICP 算法和稀疏 ICP 算法（Bouaziz，2013）进行精匹配。ICP 算法、稀疏 ICP 算法以及多参数 ICP 算法等三种精匹配算法的匹配结果如表 8-1 所示。

表 8-1　公共碎块的精匹配结果

公共碎块	两断裂面点数（左，右）	精匹配算法	匹配点数	匹配误差/毫米	迭代次数	耗时/秒
第 1 组	3641，3497	ICP	1201	0.0286	35	4.2
		稀疏 ICP	1965	0.0156	27	3.7
		多参数 ICP	**2149**	**0.0137**	**12**	**1.8**
第 2 组	4011，2183	ICP	928	0.0301	37	4.5
		稀疏 ICP	1296	0.0166	28	3.8
		多参数 ICP	**1408**	**0.0131**	**13**	**2.0**
第 3 组	3307，3011	ICP	1103	0.0272	33	4.1
		稀疏 ICP	1521	0.0146	27	3.5
		多参数 ICP	**1771**	**0.0121**	**11**	**1.6**
第 4 组	2587，1603	ICP	542	0.0242	35	4.3
		稀疏 ICP	782	0.0126	26	3.8
		多参数 ICP	**925**	**0.0108**	**12**	**1.7**

资料来源：根据斯坦福大学提供的数据经由实验而得。

从表 8-1 的匹配结果来看，ICP 算法、稀疏 ICP 算法以及多参数 ICP 算法均能完成碎块的精匹配，但是稀疏 ICP 算法的匹配精度和速度明显优于 ICP 算法，而多参数 ICP 算法的匹配精度和速度又明显优于稀疏 ICP 算法，特别是在匹配速度方面的提高尤其明显。与 ICP 算法相比，本章多参数 ICP 算法的匹配精度和匹配速度分别提高了约 50%和 55%，与稀疏 ICP 算法相比，本章多参数 ICP 算法的匹配精度和匹配速度分别提高了约 13%和 50%。因此，该多参数 ICP 算法是一种高精度、快速的碎块精匹配算法。

接下来，对大量的兵马俑碎块模型进行匹配实验。下面以兵马俑的腿脚和胸部的两组碎块为例说明本章所提碎块匹配方法的性能。两组待匹配的兵马俑碎块如图 8-3 所示，其点云数目、所属部位以及断裂面数目等信息如表 8-2 所示。

（a）第 1 组　　　　（b）第 2 组

图 8-3　待匹配兵马俑碎块

资料来源：西北大学可视化技术研究所（2015）。

表 8-2　兵马俑碎块的基本信息

兵马俑碎块	所属类别	点云数目（左，右）	断裂面数目（左，右）
第 1 组	下肢	32498	2，1
第 2 组	躯干	19204	3，4

资料来源：西北大学可视化技术研究所（2015）。

图 8-3 中第 1 组的实验数据是兵马俑的两个腿部碎块，如图 8-3（a）所示，这两个碎块相对保存完整，没有明显的损坏或缺失。图 8-3 中第 2 组的实验数据是兵马俑的两个胸部碎块，如图 8-3（b）所示，这两个碎块在拼接的断裂面处存在一定的细小碎块的缺失，不能完全光滑拼接，相对匹配难度较大。经反复实验验证，碎块断裂面精匹配阶段的动态迭代系数取值为 $h = 3$，为了便于计算，旋转角偏差取值为 $\Delta\theta_x = \Delta\theta_y = \Delta\theta_z = 10°$。

与公共碎块的匹配流程类似，兵马俑碎块的匹配也是首先采用基于特征区域的粗匹配算法将碎块进行初步对齐，然后再分别采用 ICP 算法、稀疏 ICP 算法以及多参数 ICP 算法将碎块的断裂面进行进一步精匹配，从而完成碎块的最终匹配。对于图 8-3 的两组兵马俑碎块，基于本章的粗匹配方法，对两个已经基本对齐的断裂面，采取 ICP 算法、稀疏 ICP 算法以及多参数 ICP 算法等三种精匹配算法进行匹配，匹配结果分别如图 8-4 和表 8-3 所示。

（a）ICP 匹配结果（组 1）（b）稀疏 ICP 匹配结果（组 1）（c）多参数 ICP 匹配结果（组 1）

（d）ICP 匹配结果（组 2）（e）稀疏 ICP 匹配结果（组 2）（f）多参数 ICP 匹配结果（组 2）

图 8-4　兵马俑碎块的匹配结果

资料来源：根据西北大学可视化技术研究所提供的数据经由实验而得。

表 8-3　三种 ICP 算法对兵马俑碎块的匹配参数

兵马俑碎块	两断裂面点数（左，右）	精匹配算法	匹配点数	RMS/毫米	迭代次数	耗时/秒
第 1 组	3501，3714	ICP	1426	0.0292	38	4.6
		稀疏 ICP	1965	0.0189	28	3.4
		多参数 ICP	**2145**	**0.0152**	**15**	**1.6**
第 2 组	2712，7849	ICP	1031	0.0311	42	4.9
		稀疏 ICP	1329	0.0201	35	3.7
		多参数 ICP	**1596**	**0.0171**	**16**	**2.0**

资料来源：根据西北大学可视化技术研究所提供的数据经由实验而得。

从图 8-4 和表 8-3 的匹配结果来看，ICP 算法不能很好地完成兵马俑碎块的匹配，存在较大的匹配误差，而稀疏 ICP 算法和多参数 ICP 算法则能较好地实现兵马俑碎块的匹配，并且多参数 ICP 算法在匹配精度和匹配速度方面又比稀疏 ICP 算法有了很大程度的提高。这是由于稀疏 ICP 算法能够克服噪声对匹配结果的干扰，而多参数 ICP 算法不仅能够克服噪声对匹配结果的干扰，还由于角度约束和动态迭代系数的加入而大大提高了匹配的精度和收敛速度。因此，多参数 ICP 算法是一种高精度、快速、抗噪的兵马俑碎块精匹配算法。

二、多个碎块的整体拼合

整体拼合就是指根据本章两个碎块的匹配结果，将多个兵马俑碎块全部匹配拼合起来，从而得到兵马俑完整形状的过程。采用本章所提匹配方法可以实现两个碎块断裂面的匹配，接下来采用子图融合法来实现碎块的整体拼合。

本章以 G10-67 号整俑的拼合为例，该俑含碎块 88 个，噪声含量较高。受篇幅所限，这里仅展示部分待拼合的碎块，如图 8-5 所示。该俑的 88 个碎块可以组装成一个整俑，不存在任何孤立的碎块。由于一个碎块可能有多于一个的断裂面，也就是说一个碎块可能对应多个不同的匹配碎块，因此这里允许碎块间存在一对多的匹配关系。

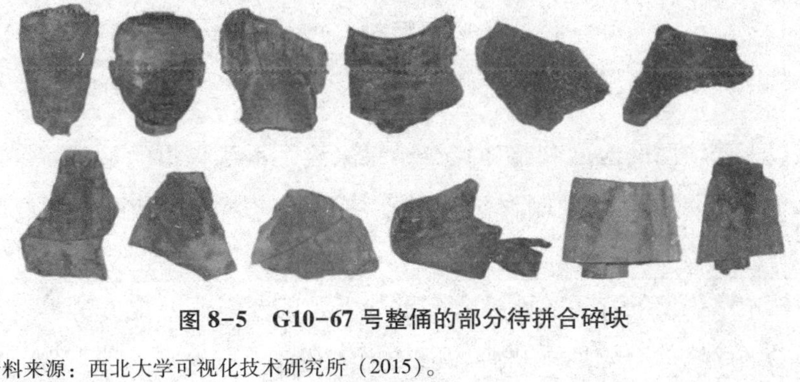

图 8-5　G10-67 号整俑的部分待拼合碎块

资料来源：西北大学可视化技术研究所（2015）。

基于本章提出的特征区域结合多参数 ICP 的断裂面匹配方法，采用子图融合法对 G10-67 号俑的 88 个碎块进行整体拼合的基本思想为：首先，采用特征区域结合多参数 ICP 的断裂面匹配确定碎块间的匹配关系，并根据该匹配关系确定所有碎块的匹配关系图；其次，将满足匹配条件的碎块进行融合，直至所有的碎块均融合为一个整体。在融合的过程中是允许回溯的，即对碎块融合过程中出现的无法融合的碎块可以进行重新融合。

采用兵马俑碎块整体拼合算法，将兵马俑碎块看成节点，采用子图融合法进行碎块整体拼合。由于 G10-67 号俑含碎块数量为 88 个，因此，初始子图的数目为 n = 88。G10-67 号噪声俑的碎块整体拼合结果如图 8-6 所示。

（a）正视图　（b）后视图　（c）左视图　（d）右视图

图 8-6　G10-67 号噪声俑的整体拼合结果

资料来源：根据西北大学可视化技术研究所提供的数据经由实验而得。

从以上碎块两两匹配和整体拼合结果来看，本章提出的基于特征区域的碎块匹配方法可以有效抑制噪声点对碎块匹配的影响，取得了良好的匹配效果。

虽然本章提出的特征区域结合多参数 ICP 的断裂面匹配方法可以实现含噪声兵马俑碎块的有效匹配拼合，但是仍然存在一些缺点。接下来，采用本章所提匹配方法，对图 8-7 所示的两组断裂面覆盖率较低的碎块进行匹配，匹配结果如图 8-8 所示。

（a）第 1 组　　　　（b）第 2 组

图 8-7　断裂面覆盖率较低的碎块

资料来源：西北大学可视化技术研究所（2015）。

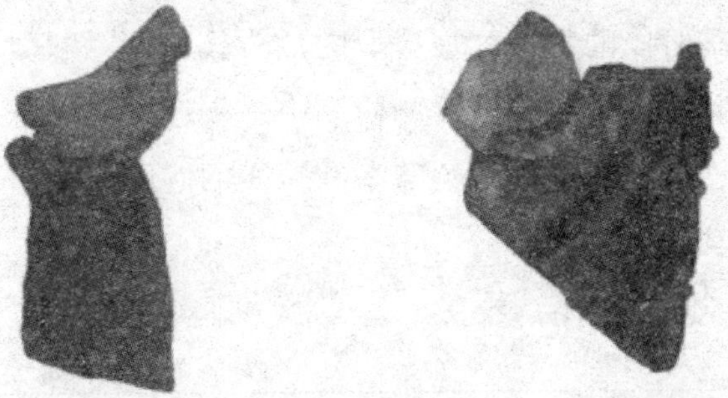

（a）第 1 组　　　　（b）第 2 组

图 8-8　断裂面覆盖率较低碎块的匹配结果

资料来源：根据西北大学可视化技术研究所提供的数据经由实验而得。

显然，本章提出的基于特征区域的碎块匹配方法对断裂面覆盖率较低的碎块匹配效果并不佳，匹配误差非常明显。因此，接下来在第九章中要进一步研究断裂面覆盖率较低碎块的匹配问题。

第七节　本章小结

针对噪声含量较高的兵马俑碎块的点云数据模型，本章提出一种特征区域结合多参数 ICP 的断裂面匹配方法。在粗匹配阶段，首先根据积分不变量提取断裂面上的特征区域，然后通过计算特征区域的相似性对其进行匹配，从而实现碎块断裂面的粗略对齐。在精匹配阶段，提出了一种基于高斯分布模型、角度约束和动态迭代系数的多参数 ICP 算法来对两个兵马俑碎块的断裂面进行进一步精确对齐，使得算法在匹配精度、速度和抗噪性等方面的性能都得到了很大程度的提高。

本章算法在公共碎块模型和兵马俑碎块模型上均进行了匹配实验，结果表明该特征区域结合多参数 ICP 的断裂面匹配方法能够取得良好的匹配效果。并通过与已有算法的实验对比，验证了所提精匹配算法（多参数 ICP 算法）在抗噪性、精度和收敛速度等方面的优越性。但是，该匹配方法也存在一定的问题，如粗匹配阶段的特征区域提取的耗时较长，对断裂面覆盖率较低碎块的匹配效果较差等。因此在后续的研究中，要进一步考虑兵马俑碎块特征提取方面的时间性能，并考虑低覆盖率断裂面的匹配问题，以实现兵马俑的快速、精确、自动虚拟复原。

第九章　基于 2D 图像特征的断裂面匹配

第八章提出的特征区域与多参数 ICP 结合的断裂面匹配方法实现了噪声含量较高的兵马俑碎块的断裂面匹配，虽然在抗噪性和收敛速度等方面有了显著的提高，但是实验验证发现对低覆盖率断裂面的碎块匹配并不适用。鉴于此，本章通过区域划分和点云降维，利用像素点对的匹配实现三维点云的点对匹配，研究采用二维图像特征实现低覆盖率断裂面的碎块匹配问题。

第一节　引言

二维图像特征是图像匹配的重要工具，常见的图像特征有很多。颜色或灰度直方图是最常用的图像统计特征之一，它反映了图像的某一特征的概率分布，如 Hu 矩不变量、Zemike 矩不变量、小波矩等均为常见的颜色（灰度）统计特征。纹理特征是一种重要的视觉特征，它反映了图像亮度的空间变化。常见的纹理特征分析方法主要有空间自相关法、共生矩阵法以及 Tamura 方法等。边缘特征是图像的基本底层特征之一，常见的边缘特征提取方法主要有边缘检测算子提取法、多尺度边缘检测法以及模糊增强边缘检测法等。图像代数特征是从图像的表示矩阵中提取的特征，常见的图像代数特征的提取方法有主成分分析法（Principal Component Analysis，PCA）、线性判别分析法（Linear Discriminat Analysis，LDA）、独立成分分析法（Independent Component Analysis，ICA）和奇异值分解法（Singular Value Decomposition，SVD）等。滤波器系数特征也叫变换系数特征，是一种二次提取的特征。滤波器系数特征的表示能力较强、特征维数较低，可以较好地表示图像的特征，常见的滤波器系数特征大多是经过小波分析提取的特征。①

为了提高低覆盖率断裂面的匹配精度和速度，本章提出一种基于二维图像特征的碎块断裂面匹配方法。首先，采用基于断裂面上区域层次的点集匹配算法实现碎块粗匹配，通过对点云模型进行区域划分可以将两个低覆盖率的碎块断裂面进行初步对齐；其次，将碎块断裂面的三维点云模型转换成二维图像，再采用 SURF（Speeded-up Robust Features）算法提取二维图像的特征点，并求解匹配像素点对；最后，根据二维匹配点获取相应的三维点云相关点，并计算刚体变换，由此实现碎块断裂面的快速精确匹配。

第二节　基于区域层次的粗匹配

碎块断裂面粗匹配采用基于区域层次上的点云配准算法来实现，该算法无须提取点云模型的局部几何信息点特征，可以有效避免噪声的干扰，而且该算法将大规模点云的全局匹配问题分解为一定数量的规模较小的区域匹配问题，从而提高了重叠区域在断裂面匹配中的作用，实现低覆盖率断裂面点云模型的匹配。基于断裂面区域层次上的碎块粗匹配算法分两个步骤实现，即断裂面区域划分和区域匹配。

一、区域划分

对于两个待匹配的断裂面，假设其对应的点云数据模型分别为 P 和 Q。区域划分就是将点云划分为一系列互不相交的子区域，降低点云全局匹配的规模。以点云 P 为例，对其进行区域划分的基本思想为：首先采用一定的采样算法对点云 P 进行随机均匀采样，并将采样点集记作 $\{p_i\}_1^m$，其中 m 是一个正整数，表示采样点集中的点的数目；然后计算采样点集中各个采样点的基于欧氏距离的 Voronoi 图，并将该 Voronoi 图作为划分的区域，于是，就将点

① 李弼程，彭天强，彭波．智能图像处理技术［M］．北京：电子工业出版社，2004：149-166.

云 P 划分成 m 个互不相交的子区域，对点云 P 进行区域划分的计算式为：

$$U_i = \{p \in P \mid d(p, p_i) < d(p, p_j), j \neq i\} \tag{9.1}$$

式（9.1）中，$i = 1, 2, \cdots, m$；$j = 1, 2, \cdots, m$。

采用相同的区域划分方法，同样可以将点云 Q 划分为 n 个互不相交的区域 V_k，其区域划分的计算式为：

$$V_k = \{q \in Q \mid d(q, q_k) < d(q, q_l), l \neq k\}, k = 1, 2, \cdots, n \tag{9.2}$$

式（9.2）中，$k = 1, 2, \cdots, n$；$l = 1, 2, \cdots, n$。

对于点云 P 和 Q，其区域划分的数目 m 和 n 通常由物体形状和点云重叠比例决定。若待匹配断裂面的形状较为复杂，则需要将区域数目设置得大一些；若待匹配断裂面的点云覆盖率较低，同样需要将区域数目设置得大一些。当区域划分的数目取值为 1 时，该匹配算法就退化为断裂面点云的全局匹配算法。在实际应用中，通常将区域划分数目设置为 1~20 比较合适。

二、基于4PCS的区域匹配

在点云模型的匹配中，区域匹配是一种较全局匹配规模更小的匹配方法，区域数目通常不超过 20，因此，可以采用穷举法将断裂面点云 P 和 Q 中的所有对应区域对进行组合，然后对每对区域采用4PCS（4-Points Congruent Sets）算法（Aiger，2008）进行匹配，最后按照匹配后两个区域的重叠比例来评价匹配效果的好坏。

对于两个待匹配断裂面的点云模型 P 和 Q，对其进行区域划分后，假设得到的区域集分别为 $\{U_i\}_1^m$ 和 $\{V_k\}_1^n$。对于任意一对点云区域对 $\{U_i, V_k\}$，采用 4PCS 算法对其进行匹配的具体步骤描述如下：

步骤 1：根据 RANSAC 确定算法的最大迭代次数 $step_{\max}$。

步骤 2：从点云区域 U_i 中选取共面的四个点构成一个集合，记作集合 B。

步骤 3：在点云区域 V_k 中寻找与 B 全等的所有四点集合，记作 $A = \{A_1, A_2, \cdots, A_S\}$。

步骤 4：对于 A 中的每一个 A_i，求解 A_i 和 B 对应的刚体变换 T_i 和匹配精度。

步骤 5：若此时求解的匹配精度大于当前最佳匹配精度，设置刚体变换 T_i 为最佳刚体变换，同时更新目前的最佳匹配精度。

步骤 6：若迭代次数已经达到最大迭代次数 $step_{\max}$ ，则算法终止；否则，转到步骤 2。

通过以上步骤即可将两个断裂面进行初步对齐，接下来采用基于二维局部特征的点云匹配算法实现断裂面的精匹配。

第三节　三维点云的 BA 图像表达

通常三维图像的深度图像用于将三维点云转换成二维图像，但不能用于表示三维点云中的点及其邻域点之间的关系。BA 图像（Bearing Angle Image）与深度图像不同，它可以突出由角度形成的边缘，因此可以从中提取到更多的信息。

对于一个三维形状的物体，其 BA 图像的像素灰度水平定义为从该点到一个连续点的激光束和矢量之间的夹角。点 o 是点云的原点，点 p_{ij} 和 $p_{i-1,\ j-1}$ 是两个测量点，点 p_{ij} 的角度值 BA_{ij} 的定义为：

$$BA_{ij} = \arccos \frac{\rho_{i,\ j} - \rho_{i-1,\ j-1}\cos d\varphi}{\rho_{i,\ j}^2 + \rho_{i-1,\ j-1}^2 - 2\rho_{i,\ j}\rho_{i-1,\ j-1}\cos d\varphi} \tag{9.3}$$

式（9.3）中，$\rho_{i,\ j}$ 表示第 i 个扫描层的第 j 个扫描点的测量值，$\rho_{i-1,\ j-1}$ 表示第 $i-1$ 个扫描层的第 $j-1$ 个扫描点的测量值，$d\varphi$ 表示相应的角度增量。

将三维点云转换成了二维的 BA 图像后，接下来就要采用基于特征的匹配方法来寻找 BA 图像的相关点，采用 SURF 算法（Kim，2018）检测 BA 图像的特征点。SURF 特征检测算法是一个尺度不变的二维图像特征检测算法，通过检测极值点、确定特征点方向以及生成特征点等步骤实现特征检测，但是 SURF 算法利用 Hessian 矩阵检测极值点，具有较强的鲁棒性，同时可以大大提高检测特征点的速度。① 基于 BA 图像的特征点，接下来求解相应的三维点云数据模型的三维变换矩阵。

第四节　三维变换矩阵求解

对于 BA 图像上的任意一个像素点，BA_{ij} 就对应初始三维点云中的第 i 个扫描层的第 j 个扫描点。三维点和二维像素是一种一对一的映像，因此，二维图像像素 BA_{ij} 的初始三维点就是 p_{ij} 。

接下来，求解两个三维点云的最佳刚体变换。对于点云模型 P 和 Q ，通常它们有不少于三对的相关点，因此，P 和 Q 的旋转矩阵的求解问题可以看作是一个正交的 Procrustes 问题。首先，假设平移的是从 P 的质心到 Q 的质心。因此，在不考虑平移变换的情况下，两个点云可以写为：

$$p_{ic} = p_i - \bar{p},\ q_{ic} = q_i - \bar{q} \tag{9.4}$$

式（9.4）中，$\bar{p}$ 和 $\bar{q}$ 分别表示点云 P 和 Q 的质心，其计算式为：

$$\bar{p} = \frac{1}{m}\sum p_i,\quad \bar{q} = \frac{1}{m}\sum q_i \tag{9.5}$$

令新的相关点云分别为 P_c 和 Q_c ，那么，R 可表示为：

$$R = \arg\min_R \| Q_c - P_c R \|_F^2 \tag{9.6}$$

式（9.6）中，$\|\cdot\|_F$ 是 Frobenius 范数，其定义式为：

$$\| A \|_F = \sqrt{tr(A^{\mathrm{T}}A)} = \sqrt{\sum_{i=1}^{m}\sum_{j=1}^{n} a_{ij}^2} \tag{9.7}$$

因此，优化形式可以进一步写为：

$$\| Q_c - P_c R \|_F^2 = tr((Q_c - P_c R)^{\mathrm{T}}(Q_c - PcR)) = \| Q_c \|_F^2 - 2tr(P_c^{\mathrm{T}} Q_c R^{\mathrm{T}}) + \| P_c \|_F^2 \tag{9.8}$$

由于 $\| Q_c \|_F^2$ 和 $\| P_c \|_F^2$ 都是常量，因此，最小化式（9.6）的问题可转化为：

---

① Bay H, Tuytelaars T, Gool L V. SURF: Speeded up robust features [A] //Proceedings of European Conference on Computer Vision [C]. Graz: IEEEComputer Society, 2006: 404-417.

$$\max_{RR^{\mathrm{T}}=I} tr(P_c^{\mathrm{T}} Q_c R^{\mathrm{T}}) \tag{9.9}$$

由于旋转矩阵 R 是一个正交矩阵，式（9.9）的约束优化问题可以采用拉格朗日乘子来求解。拉格朗日乘子的定义为：

$$L = tr(P_c^{\mathrm{T}} Q_c R^{\mathrm{T}}) - tr(\Lambda(RR^{\mathrm{T}} - I)) \tag{9.10}$$

由于 $\frac{\partial L}{\partial R} = 0$ 意味着 $tr(\Lambda(RR^{\mathrm{T}} - I)) = 0$，因此，式（9.10）的一阶偏导数为：

$$\frac{\partial L}{\partial R} = \frac{\partial tr(P_c^{\mathrm{T}} Q_c R^{\mathrm{T}})}{\partial R} - \frac{\partial tr(R\Lambda R^{\mathrm{T}})}{\partial R} + \frac{\partial tr(\Lambda)}{\partial R} = P_c^{\mathrm{T}} Q_c - (\Lambda + \Lambda^{\mathrm{T}})R \tag{9.11}$$

式（9.11）可进一步写为：

$$P_c^{\mathrm{T}} Q_c = (\Lambda + \Lambda^{\mathrm{T}})R \rightarrow P_c^{\mathrm{T}} Q_c R^{\mathrm{T}} = \Lambda + \Lambda^{\mathrm{T}} \tag{9.12}$$

令 $P_c^{\mathrm{T}} Q_c$ 的 SVD 为 $U \sum V^{\mathrm{T}}$，于是有：

$$\begin{cases} P_c^{\mathrm{T}} Q_c R^{\mathrm{T}} = ((P_c^{\mathrm{T}} Q_c) R^{\mathrm{T}})^{\mathrm{T}} = R(P_c^{\mathrm{T}} Q_c)^{\mathrm{T}} \\ U \sum V^{\mathrm{T}} R^{\mathrm{T}} = U \sum V^{\mathrm{T}} U^{\mathrm{T}} \end{cases} \tag{9.13}$$

式（9.13）中，$\sum = \mathrm{diag}(\sigma_1(P_c^{\mathrm{T}} Q_c), \cdots, \sigma_n(P_c^{\mathrm{T}} Q_c))$。

由式（9.13）可计算出，最佳旋转矩阵为：

$$R = UV^{\mathrm{T}} \tag{9.14}$$

因此，最佳刚体变换可表示为：

$$Q = \begin{bmatrix} x' \\ y' \\ z' \\ 1 \end{bmatrix} = T(P) = \begin{bmatrix} R & t \\ 0\,0\,0 & 1 \end{bmatrix} \begin{bmatrix} x \\ y \\ z \\ 1 \end{bmatrix} \tag{9.15}$$

式（9.15）中，$t = \bar{q} - \bar{p}$，并且 $R = UV^{\mathrm{T}}$。

两个点云的匹配误差 RMS 定义为：

$$RMS = \frac{1}{N_p} \sum_{i=1}^{N_p} \| q_{ic} - p_{ic} R - t \|^2 \tag{9.16}$$

由此，通过计算该刚体变换实现了两个断裂面点云模型的精匹配，达到两个碎块精确匹配的目的。

第五节　本章匹配方法的步骤

采用本章提出的三维点云到二维图像特征的碎块断裂面匹配方法，对两个文物碎块进行匹配的具体步骤描述如下：

步骤 1：首先，采用基于分割线的断裂面提取方法识别出待匹配碎块的断裂面，假设两个待匹配的碎块为 B_1 和 B_2，提取的断裂面集合分别为 $F_1 = \{S_{11}, S_{12}, \cdots, S_{1n}\}$ 和 $F_2 = \{S_{21}, S_{22}, \cdots, S_{2m}\}$，$n$ 和 m 分别表示碎块 B_1 和 B_2 中所含断裂面的数目。

步骤 2：在断裂面集合 F_1 和 F_2 中任取两个未匹配过的断裂面 S_{1i} 和 S_{2j}，$i=1, 2, \cdots, n$；$j=1, 2, \cdots, m$，将断裂面 S_{1i} 和 S_{2j} 对应的点集进行区域划分，并利用 4PCS 算法进行区域匹配，从而将断裂面 S_{1i} 和 S_{2j} 初步对齐。

步骤 3：将断裂面 S_{1i} 和 S_{2j} 的三维点云模型转换成二维图像，并提取其 BA 图像的特征点。

步骤 4：通过 BA 图像特征点的匹配计算断裂面 S_{1i} 和 S_{2j} 的对应的二维点集的刚体变换，从而实现断裂面 S_{1i} 和 S_{2j} 的进一步匹配。

步骤 5：判断断裂面 S_{1i} 和 S_{2j} 的匹配误差 RMS，若小于给定阈值，S_{1i} 和 S_{2j} 匹配成功，否则，从断裂面集合 F_1 和 F_2 中取下一对未匹配过的断裂面 S_{1i} 和 S_{2j}，重复步骤 3 到步骤 5，直到找到成功匹配的两个断裂面或所有断裂面匹配完。

第六节　实验结果与分析

实验中的所有数据均为采用三维激光扫描仪获取的点云数据模型，且满足简单的三维刚体变换。该碎块匹配方法不仅适用于兵马俑碎块模型的断裂面匹配，而且适用于公共点云数据模型的配准，因此，实验首先在 Stanford

3D Scanning Repository 提供的兔子和龙点云模型上验证本章方法,① 然后再对兵马俑碎块进行两个碎块的匹配和多个碎块的整体拼合。

一、公共数据模型配准

实验对多组不同角度扫描的兔子和龙点云模型进行配准，以其中两组低覆盖率（覆盖率小于 50%）点云的配准过程为例说明所提方法的配准过程。待配准的兔子点云模型如图 9-1 所示，龙点云模型如图 9-2 所示。

（a）兔子 000　　（b）兔子 090　　（c）初始相对位置

图 9-1　待配准的兔子点云

资料来源：斯坦福大学（1996）。

（a）龙 000　　（b）龙 048　　（c）初始相对位置

图 9-2　待配准的龙点云

资料来源：斯坦福大学（1996）。

① The Stanford 3D Scanning Repository [EB/OL]. (1996-09-10) [2016-06-15]. http: //graphics. stanford. edu/data/3Dscanrep.

对于图9-1和图9-2所示的两组点云数据模型，直接采用ICP算法进行配准，其配准结果如图9-3所示。

(a) 兔子点云　　(b) 龙点云

图9-3 直接使用ICP算法的配准结果

资料来源：根据斯坦福大学提供的数据经由实验而得。

由图9-3可见，直接使用ICP算法的配准结果很不理想，主要是由于ICP算法对两个点云的初始位置要求较高，而且对低覆盖率点云的配准结果较差。因此，采用本章匹配方法，首先，采用基于区域层次的自动点云配准算法对两组点云进行粗配准，粗配准结果如图9-4所示；其次，分别采用ICP算法、PICP算法（Du，2015）、MICP算法（Marani，2016）和精匹配算法对其进行精配准，精配准结果分别如图9-5和图9-6所示。

(a) 兔子点云　　(b) 龙点云

图9-4 粗配准结果

资料来源：根据斯坦福大学提供的数据经由实验而得。

（a）兔子点云　　　　（b）龙点云

图 9-5　ICP 算法的精配准结果

资料来源：根据斯坦福大学提供的数据经由实验而得。

（a）兔子点云　　　　（b）龙点云

图 9-6　本章方法的精配准结果

资料来源：根据斯坦福大学提供的数据经由实验而得。

在精配准阶段，ICP 算法、MICP 算法、PICP 算法以及精配准算法的配准误差、算法耗时等参数如表 9-1 所示。

表 9-1　精配准阶段的配准结果

点云类型	点云大小（左，右）	配准算法	配准误差/毫米	耗时/秒
兔子	40256，30379	ICP 算法	0.0289	5.2
		MICP 算法	0.0221	4.0
		PICP 算法	0.0224	4.1
		精配准算法	**0.0209**	**3.1**
龙	41841，22092	ICP 算法	0.0318	6.3
		MICP 算法	0.0257	5.4
		PICP 算法	0.0259	5.6
		精配准算法	**0.0237**	**4.0**

资料来源：根据斯坦福大学提供的数据经由实验而得。

从图 9-4、图 9-5、图 9-6 以及表 9-1 的配准结果来看，基于区域层次的自动点云配准算法能够将两个点云初步对齐，ICP 算法和基于二维图像特征的配准算法均可实现两个点云的精配准，但是本章提出的精配准算法的配准精度和速度比 ICP 算法分别提高了约 20%和 60%，比 MICP 算法和 PICP 算法分别提高了约 10%和 37%。

这是由于 ICP 算法要求两个待配准点云之间存在包含关系，因此对低覆盖率点云的匹配效果不佳；MICP 算法和 PICP 算法主要是针对噪声点云的配准问题设计的，不适合低覆盖率点云的配准；而本章提出的精配准算法通过将三维点云粗区域划分和转换成二维图像来实现配准，降低了点对查找的难度，可以提高低覆盖率点云的配准精度和速度。

二、两个碎块的匹配

实验对多组低覆盖率的断裂面进行了匹配验证，以其中四组兵马俑碎块的点云数据模型为例来说明碎块匹配方法的有效性，如图 9-7 所示。碎块点云数目以及断裂面数目等信息如表 9-2 所示。采用碎块匹配方法，首先采用基于区域层次的点云匹配算法对其进行粗匹配，粗匹配结果如图 9-8 所示；然后采用基于二维图像特征的精匹配方法进行精匹配，最终匹配结果如图 9-9 所示。

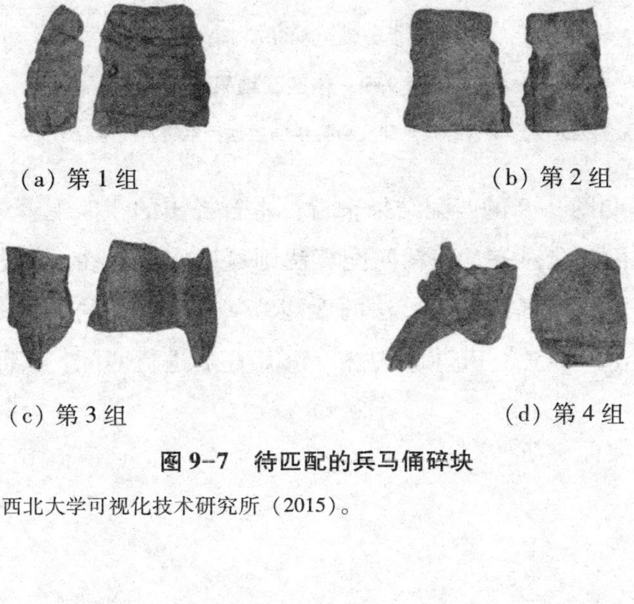

（a）第 1 组　（b）第 2 组

（c）第 3 组　（d）第 4 组

图 9-7　待匹配的兵马俑碎块

资料来源：西北大学可视化技术研究所（2015）。

表 9-2　兵马俑碎块的基本信息

碎块组别	所属类别	点云数目（左，右）	断裂面数目（左，右）
第 1 组	躯干	30642，36524	2，4
第 2 组	裙摆	38450，34302	4，4
第 3 组	铠甲	40312，43174	3，5
第 4 组	上肢	68448，66606	2，4

资料来源：西北大学可视化技术研究所（2015）。

（a）第 1 组　（b）第 2 组　（c）第 3 组　（d）第 4 组

图 9-8　粗匹配结果

资料来源：根据西北大学可视化技术研究所提供的数据经由实验而得。

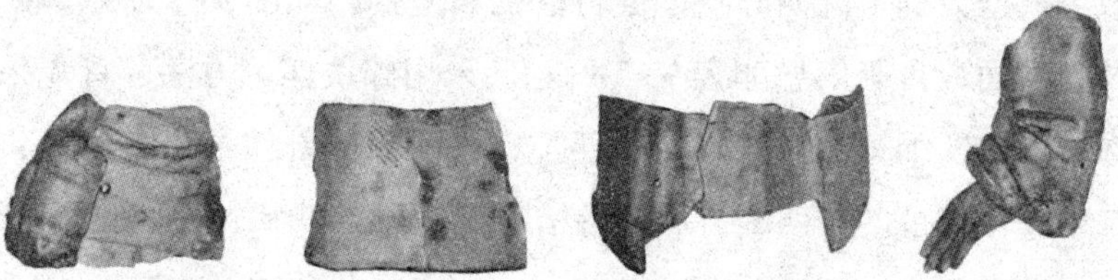

（a）第 1 组　（b）第 2 组　（c）第 3 组　（d）第 4 组

图 9-9　精匹配结果

资料来源：根据西北大学可视化技术研究所提供的数据经由实验而得。

从图 9-8 和图 9-9 的匹配结果来看，本章提出的粗匹配算法可以将兵马俑碎块的断裂面初步对齐，而精匹配算法则可以实现断裂面的进一步精确匹配。为了验证本章所提精匹配算法的性能，基于粗匹配的结果，再对两个断裂面分别采用 ICP 算法、PICP 算法和 MICP 算法进行匹配，其匹配结果如表 9-3 所示。

表 9-3　精匹配算法的匹配结果

碎块	精匹配算法	匹配误差/毫米	迭代次数	耗时/秒
第 1 组	ICP 算法	0. 0304	84	5. 3
	MICP 算法	0. 0206	62	3. 9
	PICP 算法	0. 0208	63	3. 8
	精匹配算法	**0. 0183**	**50**	**3. 2**
第 2 组	ICP 算法	0. 0296	88	5. 0
	MICP 算法	0. 0191	65	3. 7
	PICP 算法	0. 0193	66	3. 9
	精匹配算法	**0. 0178**	**52**	**3. 0**
第 3 组	ICP 算法	0. 0312	90	5. 6
	MICP 算法	0. 0211	67	4. 0
	PICP 算法	0. 0213	69	4. 1
	精匹配算法	**0. 0189**	**55**	**3. 3**
第 4 组	ICP 算法	0. 0298	93	6. 0
	MICP 算法	0. 0193	68	4. 8
	PICP 算法	0. 0196	70	5. 0
	精匹配算法	**0. 0176**	**56**	**4. 0**

资料来源：根据西北大学可视化技术研究所提供的数据经由实验而得。

由表 9-3 可见，本章的精匹配算法的匹配精度最高，耗时最低，匹配效果最好。跟 ICP 算法、MICP 算法和 PICP 算法相比，精匹配算法的匹配精度和速度比 ICP 算法分别提高了约 40%和 50%，比 MICP 算法分别提高了约 10%和 25%，比 PICP 算法分别提高了约 10%和 25%。这是由于 ICP 算法对低覆盖率和大数据量点云的匹配效果不佳；虽然 MICP 算法和 PICP 算法比 ICP 算法在匹配效果上有了很大程度的提高，但是它们均是针对噪声点云的匹配而设计的，依旧不适合低覆盖率点云模型的匹配；而精匹配算法通过提取点云的二维图像特征实现模型匹配，有效提取了点云的显著特征，大大降低了数据匹配的维度，具备最高的匹配性能。因此，精匹配算法是一种精度高、速度快的兵马俑断裂面算法。

三、多个碎块的整体拼合

采用三维点云到二维图像特征的碎块断裂面匹配方法，可以实现两个低覆盖率断裂面的匹配，接下来采用子图融合法实现多个兵马俑碎块的整体拼合。以 G10-57 号整俑的拼合为例，该俑含碎块 8 个，经过预处理，使得这些碎块间的断裂面覆盖率较低，约为 30%~70%，所有待拼合碎块如图 9-10 所示。

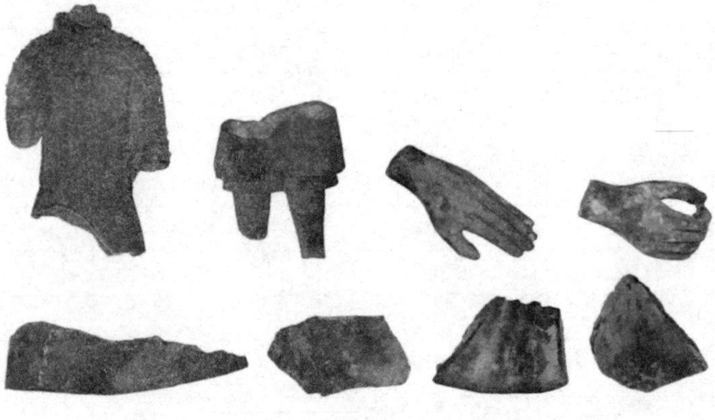

图 9-10　G10-57 号整俑的所有待拼合碎块

资料来源：西北大学可视化技术研究所（2015）。

该俑的 8 个碎块可以组装成一个整俑，不存在任何孤立的碎块。由于一个碎块可能有多于一个的断裂面，也就是说，一个碎块可能对应多个不同的匹配碎块，因此，这里允许碎块间存在一对多的匹配关系。

基于碎块断裂面匹配方法，采用子图融合法对 G10-57 号俑的 8 个碎块进行整体拼合的基本思想为：首先，采用碎块匹配方法确定碎块间的匹配关系，并根据该匹配关系确定所有碎块的匹配关系图；其次，将满足匹配条件的碎块进行融合，直至所有的碎块融合为一个整体。在融合的过程中是允许回溯的，即对碎块融合过程中出现的无法融合的碎块可以进行重新融合。

采用基于子图融合的兵马俑碎块整体拼合算法，将兵马俑碎块看成节点，采用子图融合法进行碎块整体拼合。由于 G10-57 号俑碎块数量为 8 个，因此，初始子图的数目为 $n = 8$。G10-57 号俑的碎块整体拼合结果如图 9-11 所示。

（a）正视图　（b）后视图　（c）左视图　（d）右视图

图9-11　G10-57号俑的碎块整体拼合结果

资料来源：根据西北大学可视化技术研究所提供的数据经由实验而得。

第七节　本章小结

本章针对兵马俑碎块的点云数据模型，将三维点云转换为二维图像特征，提出了一种高精度的低覆盖率断裂面的兵马俑碎块断裂面匹配方法。该方法首先通过断裂面区域划分和区域匹配等步骤实现碎块粗匹配，然后提取断裂面上的二维图像特征，通过对二维像素点的匹配实现碎块断裂面三维点云的精匹配，由此实现了兵马俑碎块的最终匹配。实验在公共点云数据模型和兵马俑碎块数据模型上均验证了所提匹配方法，通过与已有匹配方法的对比，验证了本章匹配方法的优越性。该匹配方法主要适用于碎块断裂面覆盖率较低的三维点云模型的匹配，但对断裂面缺损严重的碎块的匹配效果不佳。在今后的兵马俑碎块点云模型匹配方法研究中，要综合考虑多种因素，做进一步的深入研究，如进 步完善二维特征提取算法，以进一步提高碎块匹配的精度，从而将更多的点云配准算法应用到兵马俑复原研究中，扩大算法的应用范围。

第十章　基于 IDSC 和 SVD 的断裂面匹配

针对文物碎块的点云数据模型，本章提出一种基于 IDSC 和 SVD 的碎块断裂面匹配方法。该匹配方法以基于二维图像特征的断裂面匹配方法为基础，进一步完善二维特征提取算法，并采用一种基于 SVD 的 ICP 算法对点云进行进一步精确配准。首先，获取碎块断裂面的二维 BA 图像，并利用 IDSC 算法对图像进行匹配；其次，根据三维点和二维像素的一对一映像关系计算三维点云的刚体变换，从而实现两个断裂面的粗匹配；最后，采用基于 SVD 的 ICP 算法对碎块断裂面点云模型进行进一步精匹配，从而实现断裂面的最终精确匹配。

第一节　引言

对于文物碎块的点云数据模型，其断裂面匹配既可以采用基于特征的匹配方法实现，又可以采用基于无特征的匹配方法实现。通常，基于特征的匹配方法利用断裂面上的特征点、轮廓线或特征区域等几何特征来计算刚体变换参数，无须知道参数初值即可实现匹配。如基于二维高度图的匹配方法（Persad，2017）、基于特征点的快速点云匹配方法（张哲，2017）以及基于局部特征的点云匹配方法（Quan，2018）等，都是匹配精度比较高的点云匹配方法。但是，基于特征的匹配算法在特征提取和组织上的耗时较长，并且难以完成表面特征缺失点云的精确匹配。而基于无特征的点云匹配方法无须提取点云特征，直接利用原始数据即可实现匹配。如经典的 ICP 算法、基于正交因子模型的 ICP 算法（唐志荣，2019）、基于最大可行子系统框架的点云匹配算法（Chanki，2018）以及基于典型相关分析的 ICP 算法（唐志荣，2019）等，都在匹配精度和速度等方面有了很大程度的提高。但是，基于无特征的点云匹配方法对点云的包含关系和初始位置要求较为严格，因此，对文物碎块断裂面的匹配效果也不佳。

结合基于特征和基于无特征的点云匹配方法，本章针对文物碎块的点云数据模型，提出一种基于形状上下文（Inner-Distance Shape Context，IDSC）和奇异值分解（Singular Value Decomposition，SVD）的断裂面匹配方法。该方法的粗匹配阶段采用基于特征的匹配算法实现，首先，将断裂面的三维点云数据转换成二维图像；其次，利用 IDSC 算法提取图像的局部特征，并利用该局部特征实现断裂面粗匹配；最后，精匹配阶段采用基于 SVD 的 ICP 算法实现，该算法通过矩阵分解可以降低特征空间的维数，得到唯一且稳定的特征描述，同时提高了算法的抗噪性。实验分别对点云配准和文物匹配验证了所提方法，结果表明该匹配方法不仅可以将同一物体不同角度扫描的点云数据进行配准，而且对文物碎块断裂面的匹配也取得了良好的匹配效果。因此，基于 IDSC 和 SVD 的碎块断裂面匹配方法是一种有效的文物虚拟拼接复原方法。

第二节　基于 IDSC 的断裂面粗匹配

一、基于 IDSC 的图像匹配

在碎块断裂面粗匹配前，首先采用 ICP 算法获取断裂面的二维 BA 图像，然后采用基于内部距离的形状上下文算法对 BA 图像进行匹配。IDSC 算法基于形状上下文（Shape Context，SC）算法，也是一种基于形状轮廓的局部特征描述方法，它将图像轮廓边界采样点中任意一点相对于其他特征点的角度和距离的统计直方图作为该点的形状上下文信息。不同的是，IDSC 算法利用采样点间的内部距离代替欧氏距离，定义内部距离为两点间的最短距离，若两点的连接线段位于图像特征形状内部，那么该内部距离就等于欧氏距离；否则，该两点的内部距离就是各采样点间欧氏距离的代数和，这里采用 Bellman-Ford 算法计算两点间的最短距离。

对于一幅 BA 图像的轮廓边界上的任意一个采样点，计算该点到其余所有轮廓边界点的内部距离和角度，从而得到一个基于距离和角度分割的二维统计直方图，该统计直方图即为每个采样点的 IDSC 局部特征描述子。对于 BA 图像的轮廓边界上的不同的采样点，其 IDSC 特征直方图也不同。

采用卡方检验 $C(p_{ik},\ q_{jl})$ 作为两幅 BA 图像的 IDSC 局部特征描述子的相似性判断准则，其定义式为：

$$C(p_{ik},\ q_{jl}) = \frac{1}{2}\sum_{s=1}^{S}\frac{[H_{p,\ ik}(s) - H_{q,\ jl}(s)]^2}{H_{p,\ ik}(s) + H_{q,\ jl}(s)} \tag{10.1}$$

式（10.1）中，S 表示特征直方图分割的区间数量，$H_{p,\ ik}(s)$ 为模板 BA 图像中点 p_{ik} 对应的 IDSC 直方图，$H_{q,\ jl}(s)$ 为目标 BA 图像中点 q_{jl} 对应的 IDSC 直方图。卡方值 $C(p_{ik},\ q_{jl})$ 越小，就表示点 p_{ik} 和 q_{jl} 在形状或结构上的特征越相似，当 $C(p_{ik},\ q_{jl})$ 小于一定阈值时，就认为点 p_{ik} 和 q_{jl} 是 BA 图像中的可匹配点。通过判断 $C(p_{ik},\ q_{jl})$ 即可找到两幅 BA 图像的匹配像素点。

二、点云刚体变换求解

在图像中，其上任意一个像素点的角度值 BA_{ij} 都对应了初始三维点云的第 i 个扫描层的第 j 个扫描点。由于三维点云中的点和 BA 图像的二维像素点是一种一对一的映像关系，因此，BA 图像像素 BA_{ij} 对应的初始三维点云的点就是 p_{ij} 。

假设两个待匹配断裂面的初始三维点云数据模型为 P 和 Q ，它们满足简单的刚体变换。若 P 和 Q 可以正确匹配，那么，它们至少有三对相关点，因此求解点云 P 和 Q 的旋转矩阵 R 的问题就是一个正交普鲁克问题（Orthogonal Procrustes Problem）。

假设平移的是从点云 P 的质心到点云 Q 的质心，那么在不考虑平移变换的情况下，点云 P 和 Q 可以分别写作：

$$p_{ic} = p_i - \bar{p} \tag{10.2}$$

$$q_{ic} = q_i - \bar{q} \tag{10.3}$$

式（10.2）和式（10.3）中，$\bar{p}$ 和 $\bar{q}$ 分别表示点云 P 和 Q 的质心，其计算式分别为：

$$\bar{p} = \frac{1}{m}\sum p_i \tag{10.4}$$

$$\bar{q} = \frac{1}{m}\sum q_i \tag{10.5}$$

令新的相关点云分别为 P_c 和 Q_c，那么旋转矩阵 R 定义为：

$$R = \arg\min_R \| Q_c - P_c R \|_F^2 \tag{10.6}$$

式（10.6）中，$\| \cdot \|_F$ 是弗罗贝尼乌斯范数（Frobenius Norm），定义为：

$$\| A \|_F = \sqrt{tr(A^{\mathrm{T}}A)} = \sqrt{\sum_{i=1}^{m}\sum_{j=1}^{n} a_{ij}^2} \tag{10.7}$$

求解式（10.6），即可得到点云的刚体变换，由此实现基于 IDSC 的碎块断裂面粗匹配。

第三节　基于 SVD 的精匹配

SVD 是一种重要的矩阵分解方法，可以降低特征空间的维数，得到唯一且稳定的特征描述，同时提高算法的抗噪性，在点云匹配、信号处理以及统计学等领域有重要的应用价值。基于以上断裂面粗匹配的结果，采用基于 SVD 的改进 ICP 算法对点云数据可以进行进一步的精匹配。

假设粗匹配后的两个断裂面的点云数据模型分别为 $P' = \{p'_i,\ i = 1,\ 2,\ \cdots,\ N_P\}$ 和 $Q' = \{q'_j,\ j = 1,\ 2,\ \cdots,\ N_Q\}$，其中 N_P 和 N_Q 分别表示点云 P' 和 Q' 中所包含的点数。那么，点 p'_i 和 q'_j 的相关性可表示为：

$$q'_j = R p'_i + t \tag{10.8}$$

式（10.8）中，R 表示旋转矩阵，t 表示平移矢量，定义刚体变换（R，t）

的求解式为：

$$\min_{(R,\ T)\in SE(3)} \| Q'_b - (R P'_a + t_1)^{\mathrm{T}} \|_F \tag{10.9}$$

式（10.9）中，集合 $SE(3)$ 是一个 Euclid 训练组，$1 = [1,\ 1,\ \cdots,\ 1]^{\mathrm{T}}$，$\| \cdot \|_F$ 是一个 F 范数。

由于平移矢量 t，可以通过对点云 P' 和 Q' 的质心移动来求解，因此可以将式（10.9）转换成仅依赖旋转矩阵 R 的形式：

$$\min_{R\in \mathrm{SO}(3)} \| Q'_b - R P'_a \|_F \tag{10.10}$$

式（10.10）中，$R \in \mathrm{SO}(3)$ 是一个三维旋转组，P'_a 和 Q'_b 分别定义为：

$$P'_a = [p'_{a1},\ \cdots,\ p'_{aN}] = P'_a \{ I_{aN} - (1/N)11^{\mathrm{T}} \} \tag{10.11}$$

$$Q'_b = [q'_{b1},\ \cdots,\ q'_{bN}] = Q'_b \{ I_{bN} - (1/N)11^{\mathrm{T}} \} \tag{10.12}$$

式（10.12）中，I_N 是一个单元矩阵。

对于目标函数式（10.10），采用 SVD 法进行分解，于是有：

$$Q'_b P'^{\mathrm{T}}_a \overset{SVD}{=} U \sum V^{\mathrm{T}} \in R^{3\times 3} \tag{10.13}$$

式（10.13）中，U 是一个左奇异矩阵，V 是一个右奇异矩阵，$\sum$ 是一个包含奇异值的对角矩阵。

定义一个避免噪声点云中微小图像匹配矩阵 S，并求解旋转矩阵 R，S 和 R 分别为：

$$S = \mathrm{diag}(11 \mid VU^{\mathrm{T}} \mid) \tag{10.14}$$

$$R = VSU^{\mathrm{T}} \tag{10.15}$$

基于以上刚体变换求解过程，对断裂面精匹配算法（即基于 SVD 的 ICP 匹配算法）的具体实现步骤描述如下：

步骤 1：采用粗匹配算法将断裂面进行初步对齐，假设粗匹配后的两个断裂面的点云数据模型分别为 $P' = \{p'_i,\ i = 1,\ 2,\ \cdots,\ N_P\}$ 和 $Q' = \{q'_j,\ j = 1,\ 2,\ \cdots,\ N_Q\}$，其中，$N_P$ 和 N_Q 分别表示点云 P' 和 Q' 中所包含的点数。

步骤 2：构建测量模式矩阵 $P'_a = [p'_{a1},\ \cdots,\ p'_{aN}]$。

步骤 3：通过平移操作将点云 P' 和 Q' 的质心对齐。

步骤 4：应用 SVD 算法于测量模式矩阵 P'_a，即 $P'_a \overset{\mathrm{SVD}}{=} U_{P_a} \sum_{P_a} V^{\mathrm{T}}_{P_a}$，并计

算旋转矩阵 $R^{(j)} = V_{P'_a} U^{\mathrm{T}}_{P'^{(j)}}$ 。

步骤 5：创建旋转模式 $\bar{P}'^{(j)}_a = R^{(j)\mathrm{T}} P'_a \overset{\Delta}{=} [\bar{p}'_{a1}, \cdots, \bar{p}'_{aN}]$ ，并根据 $Q'^{(j)}_b$ 的最近点 $\bar{q}'_{bj}$ 构建 $\bar{Q}'^{(j)}_b = [\bar{q}'^{(j)}_1 \cdots \bar{q}'^{(j)}_{bN}]$ 。

步骤 6：计算匹配误差 $\varepsilon^{(j)}$ ，若 $\varepsilon^{(j)}$ 小于给定阈值则说明点云 P' 和 Q' 匹配成功，否则匹配失败。$\varepsilon^{(j)}$ 的计算式为：

$$\varepsilon^{(j)} = \frac{1}{N_p} \| \bar{Q}'^{(j)}_b - \bar{P}'^{(j)}_a \|_F \tag{10.16}$$

第四节　本章匹配方法的步骤

采用基于 IDSC 和 SVD 的断裂面匹配方法，对两个文物碎块进行匹配的具体步骤描述如下：

步骤 1：首先采用基于分割线的断裂面提取方法识别出待匹配碎块的断裂面。假设两个待匹配的碎块为 B_1 和 B_2，提取的其断裂面集合分别为 $F_1 = \{S_{11}, S_{12}, \cdots, S_{1n}\}$ 和 $F_2 = \{S_{21}, S_{22}, \cdots, S_{2m}\}$ ，n 和 m 分别表示碎块 B_1 和 B_2 中所含断裂面的数目。

步骤 2：在断裂面集合 F_1 和 F_2 中任取两个未匹配过的断裂面 S_{1i} 和 S_{2j} ，$i =1, 2, \cdots, n$ ；$j = 1, 2, \cdots, m$ ，采用基于 IDSC 的匹配方法将断裂面 S_{1i} 和 S_{2j} 的二维 BA 图像进行匹配。

步骤 3：根据断裂面点云中的点与其相应的 BA 图像的像素点之间的一对一映像关系，计算待匹配断裂面点云模型的刚体变换，从而实现断裂面粗匹配。

步骤 4：基于粗匹配的结果，采用基于 SVD 的 ICP 算法将两个断裂面进行进一步精匹配。

步骤 5：判断断裂面 S_{1i} 和 S_{2j} 的匹配误差 RMS ，若小于给定阈值，S_{1i} 和 S_{2j} 匹配成功，否则从断裂面集合 F_1 和 F_2 中取下一对未匹配过的断裂面 S_{1i} 和 S_{2j} ，重复步骤 3 到步骤 5，直到找到成功匹配的两个断裂面或所有断裂面匹配完。

第五节　实验结果与分析

首先，对四组不同类型的点云数据模型进行配准，这四组点云均为同一物体在不同角度扫描获取的两片点云数据模型；然后，对四组兵马俑碎块点云数据模型进行断裂面匹配，以验证本章匹配方法在文物虚拟复原领域的有效性。

一、不同类型的点云配准

在点云配准实验中，采用的四组点云数据模型分别为斯坦福大学在网络上公开的兔子点云和龙点云数据模型，以及采用三维扫描仪实地采集的原始颅骨点云和文物点云数据模型，如图 10-1 所示。

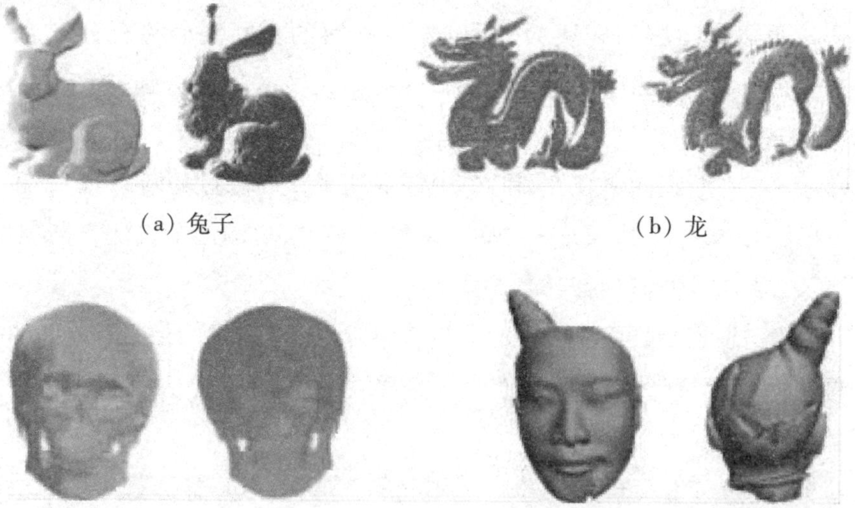

（a）兔子　（b）龙

（c）颅骨　（d）文物

图 10-1　四组待配准点云

资料来源：（a）（b）斯坦福大学（1996）；（c）（d）西北大学可视化技术研究所（2015）。

兔子点云和龙点云为部分重叠的点云，点数据分布均匀，不含噪声点；颅骨点云和文物点云也是部分重叠的点云，点数据分布不均匀，噪声点含量较高。

采用该基于 IDSC 和 SVD 的匹配方法对四组点云分别进行配准，首先，将三维点云转换成二维的 BA 图像，并利用 IDSC 算法对 BA 图像进行配准；其次，根据三维点和二维像素的一对一映像关系计算三维点云的刚体变换，从而实现两个点云的粗配准；最后，采用基于 SVD 的 ICP 算法对点云进行进一步精配准。

实验中，算法参数的选取为：特征直方图分割的区间数量 S 为 10～50，配准误差 $\varepsilon^{(j)}$ 的阈值为 0.1 毫米，特征直方图分割的区间数量根据具体实验数据情况而定。四组点云的粗配准结果如图 10-2 所示，精配准结果如图 10-3 所示。

(a) 兔子　(b) 龙　(c) 颅骨　(d) 文物

图 10-2　四组点云的粗配准结果

资料来源：根据斯坦福大学和西北大学可视化技术研究所提供的数据经由实验而得。

(a) 兔子　(b) 龙　(c) 颅骨　(d) 文物

图 10-3　四组点云的精配准结果

资料来源：根据斯坦福大学和西北大学可视化技术研究所提供的数据经由实验而得。

由图 10-2 和图 10-3 的配准结果可见，本章方法可以实现点云模型的精确配准。为了进一步验证本章匹配方法对点云数据模型的配准性能，对图 10-2 的四组点云再分别采用 ICP 算法、点特征配准法（李宇翔，2020）和轮廓特征配准法（Wu，2019）进行配准，这三种配准算法和本章方法的配准结果如表 10-1 所示。

表 10-1　四种方法的配准结果

点云类型	点数	配准方法	配准误差/毫米	耗时/秒
兔子	40256，40096	ICP 算法	0.0289	5.2
		点特征配准法	0.0247	4.5
		轮廓特征配准法	0.0201	3.7
		基于 IDSC 和 SVD 的匹配方法	**0.0185**	**2.8**
龙	41841，22092	ICP 算法	0.0318	6.3
		点特征配准法	0.0274	5.3
		轮廓特征配准法	0.0229	4.1
		基于 IDSC 和 SVD 的匹配方法	**0.0201**	**3.5**
颅骨	46842，39787	ICP 算法	0.0320	7.8
		点特征配准法	0.0274	6.6
		轮廓特征配准法	0.0224	5.2
		基于 IDSC 和 SVD 的匹配方法	**0.0199**	**4.6**
文物	44731，39629	ICP 算法	0.0326	8.5
		点特征配准法	0.0281	7.4
		轮廓特征配准法	0.0235	6.0
		基于 IDSC 和 SVD 的匹配方法	**0.0206**	**5.4**

资料来源：根据斯坦福大学和西北大学可视化技术研究所提供的数据经由实验而得。

由表 10-1 可见，基于 IDSC 和 SVD 的匹配方法具有最高的配准精度和最短的耗时。跟 ICP 算法相比，基于 IDSC 和 SVD 的匹配方法在配准精度上提高了约 35%，耗时降低了约 45%；跟点特征配准法相比，基于 IDSC 和 SVD 的匹配方法在配准精度上提高了约 25%，耗时降低了约 35%；跟轮廓特征配准法相比，基于 IDSC 和 SVD 的匹配方法在配准精度上提高了约 10%，耗时降低了约 25%。这是由于 ICP 算法是一种基于无特征的点云配准算法，它要求两个待配准点云的初始位置相对比较接近，且存在包含关系，因此对旋转和平移较大的低覆盖点云的配准效果不佳。点特征配准法是一种基于特征点的点云配准算法，利用点云模型上的 ISS 特征点实现迭代配准，但是所选特征相对简单，对复杂模型的配准精度还有待提高。轮廓特征配准法是一种基于距离误差评价的 ICP 算法，可以实现高密度点云的有效配准，但是对采样均匀的公共点云数据模型的配准并无明显优势。由此可见，基于 IDSC 和 SVD 的匹配方法可以对不同类型的点云模型实现精确配准，算法空间复杂度和时间复杂度都较小，是一种精度高、速度快、鲁棒性好的点云配准算法。

二、两个碎块的匹配

在文物碎块断裂面匹配实验中，采用三组兵马俑碎块数据模型验证本章匹配方法。三组待匹配的碎块如图 10-4 所示，本章方法对其匹配的结果如图 10-5 所示。可见，基于 IDSC 和 SVD 的碎块匹配方法可以实现文物碎块的有效正确匹配。

(a) 第 1 组　　(b) 第 2 组　　(c) 第 3 组

图 10-4　三组待匹配的碎块

资料来源：西北大学可视化技术研究所（2015）。

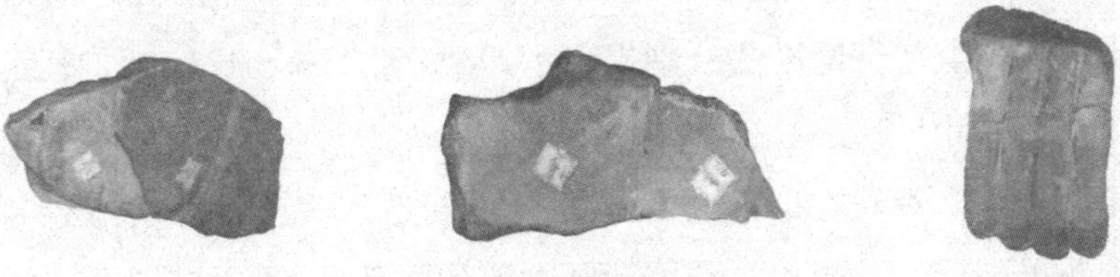

(a) 第 1 组　　(b) 第 2 组　　(c) 第 3 组

图 10-5　碎块匹配结果

资料来源：根据西北大学可视化技术研究所提供的数据经由实验而得。

为了进一步验证基于 IDSC 和 SVD 的匹配方法对文物碎块点云数据模型的匹配性能，对图 10-5 所示的三组碎块再分别采用 ICP 算法、点特征配准法和轮廓特征配准法进行匹配，这三种方法和本章方法的匹配结果如表 10-2 所示。

表 10-2　四种方法的匹配结果

碎块	点数	断裂面数目	匹配方法	匹配误差/毫米	耗时/秒
第 1 组	46094，57921	5，5	ICP 算法	0.0290	6.8
			点特征配准法	0.0190	5.5
			轮廓特征配准法	0.0192	5.6
			基于 IDSC 和 SVD 的匹配方法	**0.0171**	**4.7**
第 2 组		6，4	ICP 算法	0.0296	7.1
			点特征配准法	0.0195	5.7
			轮廓特征配准法	0.0197	5.9
			基于 IDSC 和 SVD 的匹配方法	**0.0176**	**5.0**
第 3 组		2，1	ICP 算法	0.0282	5.8
			点特征配准法	0.0183	4.6
			轮廓特征配准法	0.0185	4.7
			基于 IDSC 和 SVD 的匹配方法	**0.0166**	**3.2**

资料来源：根据西北大学可视化技术研究所提供的数据经由实验而得。

由表 10-2 可见，基于 IDSC 和 SVD 的匹配方法的匹配精度最高，耗时最低，匹配效果最好。跟 ICP 算法、点特征配准法和轮廓特征配准法相比，基于 IDSC 和 SVD 的匹配算法在匹配精度和速度上比 ICP 算法分别提高了约 38%和 47%，比点特征配准法分别提高了约 9%和 23%，比轮廓特征配准法分别提高了约 9%和 24%。

这是由于 ICP 算法在匹配过程中需要不断迭代实现，算法运行时需存储两个待匹配断裂面，耗时也与待匹配断裂面的点数目 N_P 和 N_Q 以及迭代次数 K 有关，其空间复杂度为 $O(N_P + N_Q)$ ，时间复杂度为 $O(K \times \max(N_P, N_Q))$ 。点特征配准法是一种基于特征点的点云匹配，利用点云模型上的 ISS 特征点实现迭代匹配。但是由于特征点数量较少，假设为 N'_P 和 N'_Q ，迭代次数为 K' ，其空间复杂度和时间复杂度比 ICP 算法相对要小，空间复杂度为 $O(N'_P + N'_Q)$，时间复杂度为 $O(K' \times \max(N'_P, N'_Q))$。轮廓特征配准法是一种基于距离误差评价的 ICP 算法，是基于 ICP 算法引入距离误差评价函数来实现的，因此其迭代次数要远低于 ICP 算法，其空间复杂度为 $O(N_P + N_Q)$，时间复杂度为 $O(\max(N_P, N_Q)\log_2 K \times \max(N_P, N_Q))$。而基于 IDSC 和 SVD 的匹配方法通过降维的方式可以实现特征点的无迭代精确匹配，匹配精度和速度明显优于已有匹配方法，其空间复杂度为 $O(N'_P + N'_Q)$，时间复杂度为 $O(\max(N'_P, N'_Q))$。

由此可见，基于 IDSC 和 SVD 的匹配方法不仅可以对不同类型的点云模型实现精确配准，而且对文物碎块断裂面的匹配可以达到精确的匹配结果，其空间复杂度和时间复杂度都较小，是一种精度高、速度快、鲁棒性好的文物点云模型匹配方法，可以实现文物碎块的匹配拼接。

第六节　本章小结

点云配准是三维重建的关键技术之一，目前已经在各个领域得到了广泛的关注。随着应用需求的不断提高，对点云配准算法的精度、抗噪性、速度和普适性的要求也越来越高。为了提高点云配准的性能，提出一种基于 BA 图像和 SVD 的点云配准算法：首先，通过三维点云到二维 BA 图像转换，实现了三维点和二维像素的一对一映像关系，并利用 IDSC 算法对 BA 图像的轮廓进行配准，从而实现点云粗配准；然后，采用基于 SVD 的 ICP 算法，通过矩阵分解降低了特征空间的维数，实现了点云的精配准。算法充分考虑了局部特征和噪声对配准结果的影响，可以实现点云的快速精确配准。在今后的研究中，要进一步研究重叠率在 50% 以下的低覆盖点云的配准问题，并将其用于非薄壁缺损文物断裂面的匹配中，进一步提高点云配准算法的应用范围。

第十一章　多特征融合的断裂面匹配

基于ISS特征点、区域特征以及2D图像特征的碎块断裂面匹配方法均为基于单一或两个特征的匹配方法，随着曲面匹配方法在各个领域中应用得日益广泛，基于单一或少数特征的匹配方法表现出越来越多的不足，这是由于三维数据模型中通常包含了各种不同类型的特征，仅以其中一个或两个特征作为匹配的依据有时不够可靠。因此，对兵马俑碎块断裂面进行匹配时，要同时考虑更多特征的使用，从而推动兵马俑碎块匹配技术的进一步发展。本章提出一种多特征融合的兵马俑碎块断裂面匹配方法。

第一节　引言

在三维模型处理中，特征具有极其重要的作用，正确的特征提取不仅可以有效地表示物体的重要几何信息，而且对于模型匹配和重建起着决定性的作用。目前对基于单一特征的曲面匹配方法研究较多，但是有时单一特征不能准确表达三维模型的几何信息，因此，多特征融合的匹配方法的研究和应用也需要逐步深入进行。

多特征融合就是将颜色特征、纹理特征、形状特征以及这些特征演化出来的特征进行融合，共同形成匹配过程中使用的相似性判断条件。目前，国内外学者提出了很多特征融合的应用算法，如局部估计和全局搜索相结合的显著性特征检测算法，可以实现纹理和形状等显著信息的检测（Wang，2015）；利用双向隐式嵌入法将图像特征和语义词向量融合，实现了零镜头视觉识别（Wang，2017）；通过融合局部纹理特征，实现了核密度估计运动目标检测（金静，2019）；融合全局像素的深度特征的显著目标检测算法，可以有效提高复杂场景下目标检测的精度（张守东，2019）。

对兵马俑碎块的断裂面匹配而言，多种特征可以是碎块断裂面上的特征点、特征线以及特征区域等。针对兵马俑碎块的点云数据模型，本章提出一种多特征融合的碎块断裂面匹配方法，可以大大提高匹配的精度。首先，提取碎块断裂面的轮廓线，通过对轮廓线上曲率和挠率组成的特征串将两个轮廓线进行匹配，从而将两个碎块粗略对齐；然后，提取碎块断裂面上的曲率、法线以及点云密度等几何特征，并采用基于该几何特征融合的改进 ICP 算法实现碎块的精匹配。

第二节　基于双层边界区域生长的轮廓线提取

对于兵马俑碎块的点云数据模型，首先采用最小生成树算法（孙金虎，2012）对其进行点云分割，得到待匹配断裂面的边界点，但是，该方法得到的边界曲线和实际的边界曲线是有误差的，因此，需要重新计算轮廓曲线。双层边界区域生长法可以实现二维图像像素点的边界跟踪（石爽，2011），这里将该算法扩展应用到三维断裂面的边界跟踪中，具体实现步骤描述如下：

步骤 1：在边界点中任选一点 p_0 作为起点（即种子点），以 p_0 为中心，搜寻其一阶 8 邻域点 q_i，$i=1$，2，…，8。

步骤 2：从 q_i 中任意选取一个跟 p_0 连线夹角大于 120°的点作为扩展点 p_1，若 8 邻域点 q_i 均不满足要求，则在其二阶 16 邻域点中选取满足条件的扩展点 p_1，转到步骤 3，若没有找到满足条件的点，则重新选择起点，并转到步骤 1。

步骤 3：再以 p_1 作为新的起点，重复步骤 1 和步骤 2，直到找到边界曲线为止，该曲线必然是一条封闭的曲线。

第三节　基于轮廓线的粗匹配

一、轮廓线曲率和挠率的计算

由于提取的轮廓线为离散曲线，因此，需要首先采用 B-样条曲线将其拟合成光滑的曲线，然后求其一阶导数和二阶导数，进而得到其曲率和挠率。定义 B-样条曲线如下：①

给定 $m = n + k + 1$ 个顶点，即可定义 $n + 1$ 段 k 次参数曲线，那么，第 i 段 B-样条曲线函数定义为：

$$Q(t) = \sum_{l=0}^{k} P_{i+l} N_{l,k}(t) \tag{11.1}$$

式（11.1）中，$l = 0, 1, \cdots, k$；$i = 0, 1, \cdots, n$；P_{i+l} 表示第 i 段曲线特征多边形的 $k + 1$ 个顶点；$N_{l,k}(t)$ 表示 B 样条基底函数。

$N_{l,k}(t)$ 的计算式为：

$$N_{l,k}(t) = \frac{1}{k!} \sum_{j=0}^{k-l} (-1)^j C_{k+1}^j (t + k - l - j)^k \tag{11.2}$$

由于本章采用 5 个边界点实现曲线拟合，因此需要采用 4 次 B-样条曲线，即 $k = 4$，$l = 0, 1, 2, 3, 4$，其基底函数为：

$$N_{0,4}(t) = \frac{1}{4!} \sum_{j=0}^{4} (-1)^j C_5^j (t + 4 - j)^4 = \frac{1}{24}(t^4 - 4t^3 + 6t^2 - 4t + 1) \tag{11.3}$$

$$N_{1,4}(t) = \frac{1}{4!} \sum_{j=0}^{3} (-1)^j C_5^j (t + 3 - j)^4 = \frac{1}{24}(-4t^4 + 12t^3 - 6t^2 - 12t + 11) \tag{11.4}$$

---

① 孙家广，胡事民. 计算机图形学基础教程［M］. 北京：清华大学出版社，2005：25-60.

$$N_{2,4}(t)=\frac{1}{4!}\sum_{j=0}^{2}(-1)^{j}C_{5}^{j}(t+2-j)^{4}=\frac{1}{24}(6t^{4}-12t^{3}-6t^{2}+12t+11) \tag{11.5}$$

$$N_{3,4}(t)=\frac{1}{4!}\sum_{j=0}^{1}(-1)^{j}C_{5}^{j}(t+1-j)^{4}=\frac{1}{24}(-4t^{4}+4t^{3}+6t^{2}+4t+1) \tag{11.6}$$

$$N_{4,4}(t)=\frac{1}{4!}\sum_{j=0}^{0}(-1)^{j}C_{5}^{j}(t-j)^{4}=\frac{1}{24}t^{4} \tag{11.7}$$

那么，第 i 段 B-样条曲线的矩阵表达式为：

$$Q_{i,4}(t)=\sum_{l=0}^{4}P_{i+l}N_{l,k}(t)=\frac{1}{6}[t^{4}t^{3}t^{2}t^{1}]\begin{bmatrix}1 & -4 & 6 & -4 & 1\\ -4 & 12 & -12 & 4 & 0\\ 6 & -6 & -6 & 6 & 0\\ -4 & -12 & 12 & 4 & 0\\ 1 & 11 & 11 & 1 & 0\end{bmatrix}\begin{bmatrix}P_{i}\\ P_{i+1}\\ P_{i+2}\\ P_{i+3}\\ P_{i+4}\end{bmatrix} \tag{11.8}$$

对以上提取的任意一个边界点 p_i，首先选取与 p_i 相邻的前后各两个边界点，即 p_{i-2}，p_{i-1} 和 p_{i+1}，p_{i+2}；其次采用四次 B-样条曲线对这 5 个边界点 p_{i-2}，p_{i-1}，p_i，p_{i+1}，p_{i+2} 进行拟合，从而得到拟合曲线；最后对该拟合曲线求解其一阶导数和二阶导数，进而得到其曲率和挠率。

假设对这 5 个点拟合得到的曲线为 $Q(t)=(x(t), y(t), z(t))$，其一阶导数为 $Q'(t)=(x'(t), y'(t), z'(t))$，二阶导数为 $Q''(t)=(x''(t), y''(t), z''(t))$，由此，可以计算出曲率 $k(t)$ 和挠率 $\tau(t)$：

$$k(t)=\frac{\sqrt{A^{2}+B^{2}+C^{2}}}{[x'(t)^{2}+y'(t)^{2}+z'(t)^{2}]^{\frac{3}{2}}} \tag{11.9}$$

$$\tau(t)=\frac{\begin{vmatrix}x'(t) & y'(t) & z'(t)\\ x''(t) & y''(t) & z''(t)\\ x'''(t) & y'''(t) & z'''(t)\end{vmatrix}}{A^{2}+B^{2}+C^{2}} \tag{11.10}$$

式（11.10）中，$A=\begin{vmatrix} y'(t) & z'(t) \\ y''(t) & z''(t) \end{vmatrix}$，$B=\begin{vmatrix} z'(t) & x'(t) \\ z''(t) & x''(t) \end{vmatrix}$，$C=\begin{vmatrix} x'(t) & y'(t) \\ x''(t) & y''(t) \end{vmatrix}$。

二、轮廓线特征串的匹配

在对断裂面的轮廓线进行匹配之前，首先根据角点对轮廓线进行分段。角点的选取方法为：对于任意一个边界点，判断其一阶邻域内的顶点，若这些顶点分布在三个或更多个曲面内，那么该点就是角点；若某一个边界点的一阶邻域内存在多个角点，那么，就选择所有角点中曲率值最大的点作为要寻找的角点。其次，根据计算的曲率和挠率来表示轮廓曲线，其主要思想是将曲率和挠率组成特征串，通过寻找特征串的最长公共子序列来进行特征串的匹配，从而计算两轮廓曲线的相似度。

设两个待匹配的断裂面为 S_1 和 S_2，其轮廓曲线分别为 l_1 和 l_2，对应的子轮廓曲线段分别为 l_{1i} 和 l_{2j}，$i=1$，…，n_1；$j=1$，…，n_2，n_1 和 n_2 均取整数，分别表示轮廓曲线 l_1 和 l_2 的分段数。若 l_{1i} 中含 m_1 个顶点，l_{2j} 中含 m_2 个顶点，用曲率和挠率表示的 l_{1i} 和 l_{2j} 的特征串分别为：$C_{1i}=\{(k_{l_{1i}}^1, \tau_{l_{1i}}^1), \cdots, (k_{l_{1i}}^{m_1}, \tau_{l_{1i}}^{m_1})\}$ 和 $C_{2j}=\{(k_{l_{2j}}^1, \tau_{l_{2j}}^1), \cdots, (k_{l_{2j}}^{m_2}, \tau_{l_{2j}}^{m_2})\}$。设 l_{1i} 和 l_{2j} 的最长公共子序列为 $L[i][j]$，那么 $L[i][j]$ 的递归计算式为：

$$L[i][j]=\begin{cases} 0 & i=0;\ j=0 \\ L[i-1][j-1]+1 & i,\ j>0;\ x_i=y_i \\ \mathrm{Max}\{L[i][j-1],\ L[i-1][j]\} & i,\ j>0;\ x_i\neq y_i \end{cases} \tag{11.11}$$

那么，轮廓曲线 l_1 和 l_2 的匹配算法可描述为：

步骤 1：设置初值 $i=1, j=1; i\leqslant n_1, j\leqslant n_2$。

步骤 2：取断裂面 S_1 的第 i 条轮廓曲线段 l_{1i}。

步骤 3：对于 S_2 中的任意一条轮廓曲线段 l_{2j}，利用式（11.12）计算 l_{1i} 和 l_{2j} 的相似度 ξ_1 为：

$$\xi_1=\sqrt{(k_{l_{1i}}^p-k_{l_{1i}}^q)^2+(\tau_{l_{1i}}^p-\tau_{l_{1i}}^q)^2} \tag{11.12}$$

式（11.12）中，$0 \leqslant p \leqslant n_1$，$0 \leqslant q \leqslant n_2$。

步骤4：若相似度 ξ_1 大于给定阈值，则采用四元数法计算 l_{1i} 和 l_{2j} 的刚体变换，即旋转矩阵 R 和平移矩阵 t，并将轮廓曲线段 l_{1i} 和 l_{2j} 对齐，从而将断裂面 S_1 和 S_2 对齐；若 ξ_1 小于给定阈值，则转步骤5。

步骤5：执行 $i = i + 1$ 操作，转步骤2。

步骤6：计算曲面 S_1 和 S_2 的匹配误差 ξ_2，判断若 ξ_2 小于给定阈值，则 S_1 和 S_2 匹配成功；否则，S_1 和 S_2 匹配失败。

通过上述轮廓线的匹配，即可将两个碎块的断裂面初步对齐，接下来采用断裂面上的曲率、曲面的法线以及点云密度等几何特征将碎块进行精确对齐。

第四节　多特征提取与融合

一、几何特征计算

兵马俑碎块断裂面上的曲率、法线和点云密度等几何特征可以反映其点云模型的基本几何形状，对其特征表示非常重要，因此，可以借助这些几何特征来表示断裂面上每个点云数据点的特征。

（一）曲率

作为一种重要的点云特征，曲率可以反映点云曲面的凹凸程度。对于点云数据模型，其不同位置的曲率大小不同，通常特征明显区域的曲率较大，而特征不明显区域的曲率则较小。因此曲率特征可以用于兵马俑碎块断裂面的匹配，并在一定程度上降低点对误配的概率。

假设某一断裂面的点云数据模型为 $D = \{d_i\}$，$i = 1, 2, \cdots, N_D$，其中 N_D 表示点云 D 包含点的数目，用 (x_i, y_i, z_i) 来表示点 d_i 的坐标。本章通过计算点云 D 上点 d_i 的 k 近邻点的协方差来估计其法线和曲率。对于点云 D 中的任

意一点 d_i ，其协方差矩阵为 C_i ：

$$C_i = \begin{bmatrix} d_{i1} - \bar{d}_i \\ \vdots \\ d_{ik} - \bar{d} \end{bmatrix}^T \begin{bmatrix} d_{i1} - \bar{d}_i \\ \vdots \\ d_{ik} - \bar{d} \end{bmatrix} \tag{11.13}$$

式（11.13）中，$\bar{d}_i$ 表示 d_i 邻域点的质心。

跟协方差矩阵 C_i 的最小特征值对应的特征向量的方向即为点 d_i 的法线。然后根据点在局部区域内的曲面变化，即可求得点 d_i 的曲率 H_i 。假设计算得到的矩阵 C_i 的特征值为 λ_1，λ_2，λ_3，对应的特征向量为 e_1，e_2，e_3。不妨设 $\lambda_1 \leqslant \lambda_2 \leqslant \lambda_3$，那么，最小特征值 λ_1 就表示点云曲面沿法线方向的变化量，那么，点 d_i 的法线方向为 $n_i = e_1$。

定义点 g_i 的拟合表面变化 τ_i 为：

$$\tau_i = \frac{\lambda_1}{\lambda_1 + \lambda_2 + \lambda_3} \tag{11.14}$$

（二）法向夹角

法线角度的变化也是一种衡量点云曲面弯曲程度的重要方法，法向夹角是指数据点法线方向与其邻近点法线方向之间的夹角。

对于点云 D 上的任意一点 d_i ，假设它的一个近邻点是 d_j ，n_{d_i} 和 n_{d_j} 分别表示 d_i 和 d_j 的法线方向，那么 d_i 和 d_j 的法线方向夹角的余弦为：

$$\cos \theta_{d_i d_j} = \frac{n_{d_i} \cdot n_{d_j}}{| n_{d_i} \| n_{d_j} |} \tag{11.15}$$

式（11.15）中，$\theta_{d_i d_j}$ 的取值范围是 $[0, \pi]$ 。

通过求解相邻点 d_i 和 d_j 之间的法线夹角来计算其夹角参数 $\omega_a(d_i)$ ，计算式为：

$$\omega_a(d_i) = \sum_{d_j \in M(d_i)} \theta_{d_i d_j} \tag{11.16}$$

利用夹角参数 $\omega_a(d_i)$ 即可计算出点 d_i 的所有邻域点对曲面弯曲程度的影响。$\omega(d_i)$ 值越大，说明点 d_i 及其邻域点的曲面弯曲程度越大，那么点 d_i 的邻域成为特征区域的可能性就越大。否则，$\omega(d_i)$ 的值越小，点 d_i 的邻域曲面就越光滑，那么点 d_i 的邻域成为特征区域的可能性就越小。

二、特征参数融合

在特征参数融合时，利用特征融合法（Wang L，2011；Guo Y，2014）实现点 d_i 的曲率和法线夹角的融合。定义点 d_i 的特征参数 $\omega(d_i)$ 为：

$$\omega(d_i) = \lambda_H H_i + \omega_a(d_i) \tag{11.17}$$

式（11.17）中，λ_H 表示曲率系数。

由式（11.17）可见，曲率 H_i 和法线角度 $\omega_a(d_i)$ 与特征参数 $\omega(d_i)$ 成正比。曲率和法线角度的值越大，该点成为特征点的可能性就越大；反之，曲率和法线角度的值越小，该点成为特征点的可能性就越小。本章通过对公共点云数据模型和兵马俑碎块断裂面的点云数据模型进行分析，结果发现曲率系数 λ_H 对特征参数的计算结果有较大影响。同时由于邻域点的数量跟点云密度及其分布的均匀性有很大关系，因此，当点云数据模型的密度较大时，λ_H 取值较小，当点云数据模型的密度较小时，λ_H 取值较大。通过实验验证，通常建议 λ_H 的取值范围在10~30。

第五节　多特征融合的断裂面精匹配

在兵马俑碎块断裂面精匹配阶段，本章采用多特征融合的ICP算法来实现。假设两个待匹配的断裂面为 S_1 和 S_2，它们分别属于两个不同的兵马俑碎块。ICP算法是一种有效的点云模型配准算法，其目的是在目标点集 D 和参考点集 M 之间找出一个刚体变换 T，使得两个点集满足最佳匹配。

假设两个待匹配断裂面 S_1 和 S_2 的点集分别为 $D=\{d_i \mid d_i \in R^3,\ i=1,\ 2,\ \cdots,\ N_D\}$ 和 $M=\{m_i \mid m_i \in R^3,\ i-1,\ 2,\ \cdots,\ N_M\}$，在ICP算法的第 k 次迭代过程中，点集 M 与 D 对应的相关点为 $\{m_i^k \mid m_i^k \in R^3,\ i=1,\ 2,\ \cdots,\ N_M\}$，那么，采用ICP算法将 M 与 D 进行匹配的基本步骤具体描述如下：

步骤 1：计算目标点集 D 在参考点集 M 中的相关点 m_i^k，计算式为：

$$\min \| m_i^k - d_i^k \| \tag{11.18}$$

步骤 2：计算旋转矩阵 R 和平移矢量 t，计算式为：

$$\min \sum_{i=1}^{N_M} \| R^k d_i^k + t^k - m_i^k \|^2 \tag{11.19}$$

步骤 3：计算 D^{k+1}，计算式为：

$$D^{k+1} = \{ d_i^{k+1} \mid d_i^{k+1} = R^k d_i^k + t^k,\ d_i^k \in D \} \tag{11.20}$$

步骤 4：计算匹配误差 RMS^{k+1}，计算式为：

$$RMS^{k+1} = \sum_{i=1}^{N_M} \| d_i^{k+1} - m_i^k \|^2 \tag{11.21}$$

步骤 5：若匹配误差 RMS^{k+1} 小于给定阈值 ε 或迭代次数 k 达到最大迭代次数 $step_{\max}$，则算法终止，否则返回步骤 1。

多特征融合的 ICP 算法，通过对几何特征匹配来计算点云的相关性，可以避免算法陷入局部极值。对于两个待匹配断裂面的点集 D 和 M，该多特征 ICP 算法对其匹配的具体步骤描述如下：

步骤 1：在点集 D 中寻找其任意一点 d_i 和 m_i 的 k 近邻点，并计算每个点的几何特征和几何参数。

步骤 2：采集点集 D 中满足条件 $\omega(p_i) > \tau_{gf}$ 的点集 $\{p_i\}$，$\omega(p_i)$ 表示点 p_i 的特征参数，τ_{gf} 表示特征参数的阈值。

步骤 3：寻找点集 D 和 M 的相关点。若满足条件 $| H(p_i^D) - H(p_j^M) | \leq \tau_{curvature}$ 和 $| \omega_a(p_i^D) - \omega(p_j^M) | \leq \tau_{normal}$，那么，点 $p_i^D \in D$ 即为点 $p_j^M \in M$ 的相关点。其中，H 和 ω_a 分别表示邻域点的曲率和法线角度，$\tau_{curvature}$ 和 τ_{normal} 分别表示曲率和法线角度的阈值。

步骤 4：计算旋转矩阵 R^1、平移矢量 t^1 以及 $D^1 = R^1 D + t^1$，上标 1 表示第 1 次迭代。

步骤 5：从点集 M 的近邻点 M_j^k 中寻找 D^k 的任意点 D_i^k 的相关点，并计算相关点的匹配误差 RMS^k，RMS^k 的计算式为：

$$RMS^k = \frac{1}{N} \sum_{i=1}^{N} \| D_i^k - M_i^k \|^2 + H(D_i^k, M_j^k) + \omega_a(D_i^k, M_j^k) \tag{11.22}$$

式（11.22）中，k 代表迭代次数。

步骤6：根据新的点云对应关系计算旋转矩阵 R^k 、平移矢量 t^k 以及刚体变换后的 D^k 。

步骤7：重复步骤5，直到匹配误差小于预设阈值或达到最大迭代次数为止。

采用以上多特征融合的ICP算法即可实现断裂面点集的精匹配，从而达到两个兵马俑碎块精确匹配的目的。

因此，基于断裂面匹配方法，将两个兵马俑碎块进行匹配的具体步骤描述如下：

步骤1：假设两个待匹配的碎块为 B_1 和 B_2，提取的其断裂面集合分别为 $F_1=\{S_{11}, S_{12}, \cdots, S_{1n}\}$ 和 $F_2=\{S_{21}, S_{22}, \cdots, S_{2m}\}$ 。其中，n 和 m 分别表示碎块 B_1 和 B_2 中所含断裂面的数目。

步骤2：提取各个断裂面的轮廓线，并采用四次B-样条曲线将其拟合成光滑的曲线。

步骤3：根据角点将轮廓线分段，并计算各个轮廓线段的特征串。

步骤4：采用轮廓线匹配算法将 S_{1i} 和 S_{2j} 的轮廓线进行匹配，直至找到可以匹配的轮廓线或所有断裂面的轮廓线匹配完，其中，$i=1, 2, \cdots, n$；$j=1, 2, \cdots, m$。

步骤5：若找到了可以匹配的轮廓线，则转步骤6，若没有找到可以匹配的轮廓线，那么说明没有可以匹配的断裂面，碎块 B_1 和 B_2 匹配失败。

步骤6：将可以匹配的轮廓线进行匹配，由此将两个碎块的断裂面进行初步对齐，假设两个可以匹配的断裂面为 S_{1i} 和 S_{2j}。

步骤7：提取 S_{1i} 和 S_{2j} 上的曲率、法线以及点云密度等几何特征，并采用多特征ICP算法将两个断裂面精匹配，从而实现了碎块 B_1 和 B_2 的最终匹配。

第六节　实验结果与分析

本章算法在Visual studio 2010环境下，在Intel Core i7 3.33GHz的CPU、

16GB 内存的 Windows7（64 位）PC 机上进行了实现。所有数据均为采用三维激光扫描仪获取的兵马俑碎块数据，采用点云模型表示，且待匹配碎块满足简单的三维刚体变换。首先，采用本章方法实现两个碎块断裂面的匹配；其次，基于本章匹配方法采用子图融合法实现多个碎块的整体匹配拼合。

一、两个碎块的匹配

实验通过对大量兵马俑碎块的匹配来验证本章所提匹配方法，以其中四组碎块为例说明所提方法的有效性，如图 11-1 所示。第 1 组碎块为两个腿部碎块，如图 11-1（a）所示；第 2 组碎块为两个手臂碎块，如图 11-1（b）所示；第 3 组碎块为两个铠甲碎块，如图 11-1（c）所示；第 4 组碎块为两个裙摆碎块，如图 11-1（d）所示。

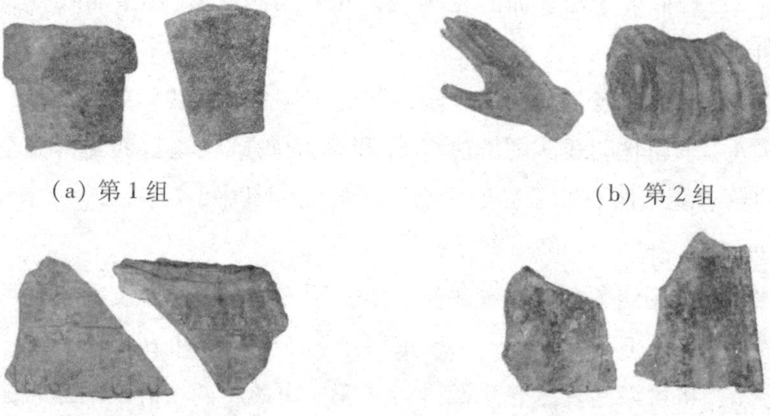

（a）第 1 组　（b）第 2 组

（c）第 3 组　（d）第 4 组

图 11-1 待匹配兵马俑碎块

资料来源：西北大学可视化技术研究所（2015）。

四组碎块模型的点云数目、所属部位类别以及断裂面数目等基本信息如表 11-1 所示。

表 11-1　兵马俑碎块的基本信息

碎块组别	所属类别	点云数目（左，右）	断裂面数目（左，右）
第 1 组	下肢	31618，31064	2，2
第 2 组	上肢	30524，69184	1，2
第 3 组	躯干	50965，63496	3，4
第 4 组	裙摆	48472，50608	5，5

资料来源：西北大学可视化技术研究所（2015）。

本章匹配方法对兵马俑碎块的匹配流程为：首先，提取碎块断裂面的轮廓线，然后计算轮廓线上点的特征串，并通过对特征串的匹配实现轮廓线的匹配，从而将两个碎块断裂面初步对齐；其次，采用基于曲率、曲面法线以及点云密度等多特征融合的改进 ICP 算法将碎块断裂面进一步匹配，由此实现碎块的最终精确匹配。四组碎块的粗匹配结果和精匹配结果分别如图 11-2 和图 11-3 所示。

（a）第 1 组　（b）第 2 组　（c）第 3 组　（d）第 4 组

图 11-2　碎块粗匹配结果

资料来源：根据西北大学可视化技术研究所提供的数据经由实验而得。

（a）第 1 组　（b）第 2 组　（c）第 3 组　（d）第 4 组

图 11-3　碎块精匹配结果

资料来源：根据西北大学可视化技术研究所提供的数据经由实验而得。

由图 11-2 和图 11-3 的匹配结果可见，通过轮廓线的匹配可以将两个碎块的断裂面初步对齐，从而为后续的精匹配提供较好的初值。而多特征融合的 ICP 算法能够将两个碎块进一步匹配，从而实现碎块的最终精确匹配。

为了验证多特征融合 ICP 算法在匹配精度和速度等方面的改进，基于本章提出的轮廓线粗匹配结果，在精匹配阶段再分别采用 ICP 算法和 IICP 算法对断裂面进行进一步精匹配。ICP 算法、IICP 算法和多特征融合 ICP 算法的匹配结果如表 11-2 所示。

表 11-2 精匹配算法的匹配参数

碎块	两断裂面点数	精匹配算法	匹配误差/毫米	迭代次数	耗时/秒
第 1 组	3639，3499	ICP 算法	0. 01 231	42	4. 0
		IICP 算法	0. 01 116	36	3. 7
		多特征融合 ICP 算法	**0. 01 041**	**30**	**3. 4**
第 2 组	2049，2173	ICP 算法	0. 01 239	45	4. 2
		IICP 算法	0. 01 172	38	3. 9
		多特征融合 ICP 算法	**0. 01 052**	**31**	**3. 5**
第 3 组	3296，3119	ICP 算法	0. 01 416	52	4. 5
		IICP 算法	0. 01 210	44	4. 1
		多特征融合 ICP 算法	**0. 01 113**	**35**	**3. 7**
第 4 组	2594，2612	ICP 算法	0. 01 396	50	4. 3
		IICP 算法	0. 01 121	42	3. 8
		多特征融合 ICP 算法	**0. 01 095**	**33**	**3. 4**

资料来源：根据西北大学可视化技术研究所提供的数据经由实验而得。

由表 11-2 可见，多特征融合 ICP 算法具有最高的细匹配精度和速度。跟 ICP 算法相比，多特征融合 ICP 算法的匹配误差明显要小，迭代次数和耗时均降低了约 30%，匹配精度提高了约 20%；跟 IICP 相比，多特征融合 ICP 算法的迭代次数和耗时均降低了约 15%，匹配精度提高了约 7%。这是由于 ICP 算法和 IICP 算法均为全局点云模型匹配算法，而 ICP 算法对待匹配点云模型的初始位置的要求比 IICP 算法更高引起的。而多特征融合 ICP 算法采用点云的多种几何特征进行匹配，可以有效避免全局匹配引起的效率不高的问题。因此，多特征融合 ICP 算法是一种精度更高、速度更快的碎块断裂面精匹配算法。

为了进一步验证本章碎块断裂面匹配方法的性能，以图 11-1 所示的四组碎块为例，再分别采用基于凹凸区域的匹配方法（李群辉，2016）和基于区域层次的匹配方法（韩宝昌，2015）实现碎块匹配，它们和本章所提匹配方法的碎块匹配结果如表 11-3 所示。

表 11-3　不同匹配方法的匹配结果

碎块	匹配方法	匹配误差/毫米	耗时/秒
第 1 组	基于凹凸区域的匹配方法	0.01834	45
	基于区域层次的匹配方法	0.01812	42
	多特征融合的 ICP 算法	**0.01441**	**36**
第 2 组	基于凹凸区域的匹配方法	0.01919	46
	基于区域层次的匹配方法	0.02013	47
	多特征融合的 ICP 算法	**0.01526**	**38**
第 3 组	基于凹凸区域的匹配方法	0.01992	45
	基于区域层次的匹配方法	0.02019	48
	多特征融合的 ICP 算法	**0.01613**	**40**
第 4 组	基于凹凸区域的匹配方法	0.01996	49
	基于区域层次的匹配方法	0.02023	50
	多特征融合的 ICP 算法	**0.01616**	**43**

资料来源：根据西北大学可视化技术研究所提供的数据经由实验而得。

由表 11-3 的匹配结果可见，多特征融合的碎块断裂面匹配方法具有更高的匹配精度和更低的算法耗时。跟基于凹凸区域的匹配方法和基于区域层次的匹配方法相比，多特征融合 ICP 算法的匹配精度分别提高了约 40%和 30%，耗时分别降低了约 34%和 23%。基于凹凸区域的匹配方法采用了群体智能算法来实现三维碎块模型的匹配拼接，解决了匹配中的误差积累问题，但是该方法采用的依旧是全局匹配的思想，算法精度和速度仍有待提高；基于区域层次的匹配方法只是将点云模型划分成了一系列较小的匹配区域，比较适合低覆盖率断裂面的匹配，对复杂断裂面的匹配效果并不好；而多特征融合的碎块断裂面匹配方法应用了多种特征实现碎块匹配，而且特征提取较为简单，具有较高的匹配精度和速度。所以，基于多特征融合的碎块匹配方法是一种速度快、精度高的兵马俑碎块点云模型匹配方法。

二、多个碎块的整体拼合

采用多特征融合的断裂面匹配方法可以实现两个碎块的断裂面匹配，接下来采用子图融合法实现多个兵马俑碎块的整体拼合。本章以 G10-52 号整俑的拼合为例，该俑含碎块 68 个，部分待拼合碎块如图 11-4 所示。该俑的 68 个碎块可以组装成一个整俑，不存在孤立的碎块。基于多特征融合断裂面的匹配方法，可以确定所有碎块间的匹配关系，并根据该匹配关系确定 68 个碎块的匹配关系图；然后将满足匹配条件的碎块进行融合，直至所有碎块融合为一个整体。

图 11-4　G10-52 号整俑的部分待拼合碎块

资料来源：西北大学可视化技术研究所（2015）。

采用基于子图融合的兵马俑碎块整体拼合算法，将兵马俑碎块看成节点，采用子图融合法进行碎块整体拼合。由于 G10-52 号俑碎块数量为 68 个，因此，初始子图的数目为 68。G10-52 号俑的碎块整体拼合结果如图 11-5 所示，可见碎块断裂面匹配方法可以实现兵马俑的虚拟拼合复原。

(a) 正视图　(b) 后视图　(c) 左视图　(d) 右视图

图 11-5　G10-52 号俑的碎块整体拼合结果

资料来源：根据西北大学可视化技术研究所提供的数据经由实验而得。

第七节　本章小结

针对单一特征对兵马俑碎块匹配精度不够高的问题，本章提出了多特征融合的碎块断裂面匹配方法。首先，提取碎块断裂面上的轮廓线特征，通过对轮廓线的匹配将碎块进行粗匹配；其次，提取碎块断裂面上的曲率、法线以及点云密度等几何特征；最后，采用基于几何特征融合的改进 ICP 算法实现碎块精匹配。多特征融合的 ICP 算法在多组兵马俑碎块上进行了验证，从实验结果、匹配精度和耗时等方面对匹配方法的性能进行了分析，并与已有的代表性方法进行了对比实验，证明了多特征融合的碎块断裂面匹配方法的优越性。虽然匹配方法具有较高的匹配精度，但是对断裂面轮廓线破损严重的碎块匹配效果不佳，这是由于粗匹配效果对轮廓线的匹配效果依赖较大所致。因此，今后要进一步考虑断裂面几何信息缺失较多的碎块匹配，可适当结合采用碎块原始表面的纹理特征实现匹配，以进一步提高碎块匹配的精度。

第十二章　研究总结与展望

第一节　研究总结

本书针对已有文物匹配拼接方法中存在的问题，主要就碎块配准、碎块分类、碎块断裂面提取和碎块断裂面匹配等方面展开了研究，研究结果总结如下：

一、碎块配准

为了提高文物碎块点云配准的精度和速度，提出一种由粗到细的点云配准方法。首先，采用基于几何属性的配准方式实现点云粗配准，以点云的曲率极值点作为特征点，利用刚体变换中向量的几何属性剔除错配准点对，不仅不会影响配准时间，而且可以有效提高粗配准的精度；然后，采用基于 k-D 树的 ICP 算法实现点云精配准，同时采用欧氏距离阈值进行初值选取，可以大大提高点云精配准的速度和精度，由此实现不同角度扫描的同一碎块的最终精确配准。

二、碎块分类

针对传统方法对文物碎块分类准确率低的问题，提出一种基于表面显著区域特征和二维形状特征的碎块分类方法。首先，提取碎块外表面的显著区域特征，并采用 EMD 算法对区域特征进行匹配，从而实现碎块初步粗分类；

其次，获取表面特征不明显碎块的二维图像信息，并利用 Hu 不变矩提取其形状特征；最后，采用 SVM 分类器对表面特征不明显的碎块进行进一步细分类，由此实现碎块的最终精确分类。

三、碎块断裂面提取

针对文物碎块的三角网格数据模型，提出一种基于分割线的碎块断裂面提取方法。首先提取碎块模型的边界特征线，然后根据闭合边界线将碎块的外表面进行分割，并根据粗糙度提取出碎块的断裂面。在断裂面较原始表面明显粗糙的情况下，该断裂面提取方法能够有效地实现兵马俑碎块的断裂面提取。

四、碎块断裂面匹配

在碎块匹配方面，提出了五种基于断裂面的匹配方法，具体如下：

（一）基于断裂面上 ISS 特征点的碎块匹配方法

针对因碎块模型数据量大而引起的匹配效率低的问题，提出基于断裂面上 ISS 特征点的碎块匹配方法。首先提取碎块断裂面上的 ISS 特征点，计算特征点的特征序列，并通过特征序列的匹配实现断裂面粗匹配；然后采用尺度 ICP 算法对断裂面上的特征点集进行再次匹配，将断裂面进一步精匹配，从而达到碎块最终匹配的目的。由于 ISS 特征提取较为简单，因此匹配速度有了大幅度的提高，是一种有效的兵马俑碎块断裂面匹配方法。

（二）多参数 ICP 的碎块断裂面匹配方法

针对兵马俑碎块模型噪声含量高的问题，提出特征区域结合多参数 ICP 的碎块断裂面匹配方法。首先提取碎块断裂面上或凹或凸的特征区域，并通过判断特征区域的相似性实现断裂面粗匹配；然后采用一种基于高斯分布模型、角度约束和动态迭代系数的多参数 ICP 算法实现断裂面的精匹配，从而完成两个碎块的最终匹配。基于特征区域的碎块匹配方法对公共碎块和兵马俑碎块模型均能取得良好的匹配效果，特别是精匹配阶段提出的多参数ICP算法，具有较高的迭代速度和匹配精度以及较强的抗噪性，可以有效提高碎块匹配的精度和速度。

（三）三维点云到二维图像特征的碎块断裂面匹配方法

针对断裂面覆盖率较低的兵马俑碎块的匹配问题，提出三维点云到二维图像特征的碎块断裂面匹配方法。首先采用一种基于区域层次上的点云配准算法，通过区域划分和区域匹配将两个碎块的断裂面初步对齐；其次将断裂面的三维点云数据转换成二维图像，采用SURF算法提取其二维图像的特征，并求解匹配像素点对；最后根据二维匹配点获取相应的三维点云相关点，并计算刚体变换，由此实现文物碎块的匹配。基于二维图像特征的碎块匹配方法通过区域划分大大降低了点云匹配的规模，并通过将三维点云转换成二维图像来实现碎块匹配，可以实现低覆盖率兵马俑碎块断裂面的精确匹配。

（四）基于IDSC和SVD的断裂面匹配方法

为了进一步完善二维图像特征在文物断裂面匹配中的应用，提出基于IDSC和SVD的断裂面匹配方法。首先将断裂面的三维点云数据转换成二维图像，并利用IDSC算法提取图像的局部特征以实现断裂面粗匹配；然后采用基于SVD的ICP算法实现断裂面精匹配。该方法不仅可以将同一物体不同角度扫描的点云数据进行配准，而且对文物碎块断裂面的匹配也取得了良好的匹配效果。

（五）多特征融合的碎块断裂面匹配方法

为了克服基于单一特征碎块匹配方法的匹配精度不够高的问题，提出多特征融合的碎块断裂面匹配方法。首先提取碎块断裂面上的轮廓线，并通过对轮廓线的匹配将断裂面初步对齐；然后提取断裂面上的曲率、法线以及点云密度等多种几何特征，并基于该几何特征融合的方式实现断裂面精匹配。基于多特征融合的碎块匹配方法可以有效利用碎块断裂面上轮廓线、曲率、法线以及点云密度等几何特征，实现文物碎块断裂面的精确匹配。

第二节　发展展望

对于三维激光扫描设备获取的文物碎块的三维数据模型，针对碎块断裂面匹配问题展开了研究，旨在提高碎块的匹配精度和速度，实现非薄壁类刚体文物的虚拟复原。虽然取得了一些初步研究成果，但是还有诸多方面需要进一步深入研究，今后的具体研究方向如下：

一、碎块分类方面

碎块分类方面，提出的碎块分类方法对表面几何特征和纹理特征区别明显的文物碎块具有良好的分类效果，但是对特征不明显及特征交叉的文物碎块的分类效果仍有待提高。在今后的研究中，要进一步考虑纹理缺失、特征交叉等诸多因素对碎块分类的影响，提高碎块分类的精度。

二、区域特征结合多参数 ICP 的匹配方法

在区域特征结合多参数 ICP 的匹配方法中，虽然精匹配算法具有较强的抗噪性、较高的精度和速度，但是粗匹配在提取凹凸区域特征时的算法耗时较长。同样，多特征融合的断裂面匹配方法也存在这样的问题。因此，在今后的研究中要考虑特征提取的算法耗时问题，在保证匹配精度的情况下，提高算法的执行速度。

三、碎块原始表面所包含的纹理和颜色信息

提出的五种匹配方法均是基于断裂面的匹配方法，它们通过提取碎块断裂面上的特征点、曲率、法线、轮廓线、凹凸区域以及 2D 图像等特征实现碎块的匹配。对于碎块原始表面所包含的纹理和颜色等信息，在所提的碎块匹配方法中并未考虑到。因此，今后要综合考虑碎块表面的纹理、颜色等信息，

根据颜色差异、纹理的周期性等特征设计基于碎块原始表面特征的匹配方法，克服断裂面缺失严重引起的匹配失败的问题。

四、碎块断裂面匹配方法

在碎块断裂面匹配方法中，所提方法主要是将相邻的碎块在空间位置上进行精确对齐与拼合，并没有进行进一步的融合。因此，为了实现兵马俑文物碎块的消缝拼接，在今后的研究中要进一步考虑两个邻接碎块的融合问题。

参考文献

[1] Aiger D, Mitra N J, Cohenor D. 4-points congruent sets for robust pairwise surface registration [J]. Acm Transactions on Graphics, 2008, 27 (3): 1-10.

[2] Au O K, Zheng Y, Chen M, et al. Mesh segmentation with concavity-aware fields [J]. IEEE Transactions on Visualization & Computer Graphics, 2012, 18 (7): 1125-1134.

[3] Besl P J, McKay N D. A method for registration of 3-Dshapes [J]. IEEE Transactions on Pattern Analysis and Machine Intelligence, 1992, 14 (2): 239-256.

[4] Bosch A, Munoz X, Marti R. A review: Which is the best way to organize/classify images by content [J]. Image and Vision Computing, 2007, 25 (6): 778-791.

[5] Bouaziz S, Tagliasacchi A, Pauly M. Sparse iterative closest point [J]. Computer Graphics Forum, 2013, 32 (5): 113-123.

[6] Chanki Y, Da J. A maximum feasible subsystem for globally optimal 3D point cloud registration [J]. Sensors, 2018, 18 (2): 544-553.

[7] Chen H, Hanu B. 3D free-gorm object recognition in range images using local surface patches [J]. Pattern Recognition Letters, 2007, 28 (10): 1252-1262.

[8] Chen H, Shen J. Denoising of point cloud data for computer-aided design, engineering, and manufacturing [J]. Engineering with Computers, 2018, 34 (3): 523-541.

[9] Cohen-Steiner D, Alliez P, Desbrun. Variational shape approximation [J]. ACM Transaction on Graphics, 2004, 23 (3): 905-914.

[10] Du S Y, Liu J, Zhang C J. Probability iterative closest point algorithm for

m−D point set registration with noise [J]. Neurocomputing, 2015, 157 (CAC): 187−198.

[11] Du S Y, Zheng N J, Xiong L. Scaling iterative closest point algorithm for registration of m−D point sets [J]. Journal of Visual Communication and Image Representation, 2010, 21 (5−6): 442−452.

[12] Guo Y, Bennamoun M, Sohel F, et al. A survey: 3D object recognition in cluttered scenes with local surface features [J]. IEEE Transactions on Pattern Analysis and Machine Intelligence, 2014, 36 (11): 2270−2287.

[13] Hu M, Jiang X, Absar M, et al. Equivalence testing of complex particle size distribution profiles based on earth mover's distance [J]. The AAPS Journal, 2018, 20 (3): 62−71.

[14] Huang Q X. 3D Puzzles−Reassembling fractured objects by geometric matching [EB/OL]. (2010−11−29) [2016−03−12]. http: // www. geometrie. tuwien. ac. at/ig/ 3dpuzzles. html.

[15] Huang Q, Flory S, Gelfand N. Reassembling fractured objects by geometric matching [J]. ACM Transactions on Graphics, 2006, 25 (3): 569−578.

[16] Kalogerakis E, Hertzmann A, Singh K. Learning 3D mesh segmentation and labeling [J]. Acm Transactions on Graphics, 2010, 29 (4): 1−12.

[17] Katz S, Leifman G, Tal A. Mesh segmentation using feature point and core extraction [J]. Visual Computer, 2005, 21 (8−10): 649−658.

[18] Kim Y, Jung H. Efficient reconfigurable architecture to accelerate descriptor extraction in SURF algorithm [J]. Journal of Semiconduction Technology and Science, 2018, 18 (3): 396−401.

[19] Kreavoy V, Dan J, Sheffer A. Model composition from interchangeable components [A] // IEEE Pacific Conference on Computer Graphics and Applications [C]. Maui: IEEE Computer Society Press, 2007: 129−138.

[20] Kuznetsov V A. Kontsevich integral invariants for random trajectories [J]. Ukrainian Mathema−tical Journal, 2015, 67 (1): 62−73.

[21] Lai Y K, Hu S M, Martin R R, et al. Fast mesh segmentation using random walks [A] // ACM Symposium on Solid and Physical Modeling [C]. Cambridge, Massachusetts: ACM Press, 2008: 183-191.

[22] Lee S, Xu Zhao, Li T, et al. A novel bagging C4.5 algorithm based on wrapper feature selection for supporting wise clinical decision making [J]. Journal of Biomedical Informatics, 2018 (78): 144-155.

[23] Li S, Lee D. Fast visual odometry using intensity-assisted iterative closest point [J]. IEEE Robotics and Automation Letters, 2016, 1 (2): 992-999.

[24] Lin S, Wang D W, et al. Multi-band texture image fusion based on the embedded multi-scale decomposition and possibility theory [J]. Spectroscopy and Special Analysis, 2016, 36 (7): 2337-2343.

[25] Liu L Z, Hu X J, Chen Y F, Zhang T H, Li M Q. A new close-form solution for initial registration of ICP [J]. Advanced Materials Research, 2010, (10): 287-292.

[26] Ma D. Precise processing of point cloud data in omni - directional scanning based on three-dimensional laser sensor [J]. Journal of Nanoelectronics & Optoelectronics, 2017, 12 (9): 940-944.

[27] Makinen J, Tarhio J, Khuri S. A fast DNA fragment assembler [A] // Proceedings of the 1st International Conference on Bioinformatics [C]. Kuala Lumpur: Bmc Bioinformatics, 2010: 77-82.

[28] Mangan A P, Whitaker R T. Partitioning 3D surface meshes using watershed segmentation [J]. Visualization and Computer Graphics, 1999, 5 (4): 308-321.

[29] Marani R, Reno V, Nitti M, et al. A modified iterative closest point algorithm for 3D point cloud registration [J]. Computer-Aided Civil and Infrastructure Engineering, 2016, 31 (7): 515-534.

[30] Mavridis P, Andreadis A, Papaioannou G. Efficient Sparse ICP [J]. Amsterdam: Elsevier Science Publisher, 2015: 16-26.

[31] Mian A, Bennanoun M, Owens R. On the repeatability and quality of

keypoints for local feature-based 3D object retrieval from cluttered scenes [J]. International Journal of Computer Vision, 2010, 82 (2-3): 348-361.

[32] Miandarhoie A, Khalili K, Mohammadinejad H. CAD mesh models segmentation into swept surfaces [J]. International Journal of Advanced Manufacturing, 2017, 92 (9-12): 3659-3671.

[33] Miu Y W, Xiao C X, Zhou M H. The estimation of principal curvatures and normal in the surface sampling point [A] // The second National Conference on geometric design and Computing [C]. Hefei: University of Science and Technology of China, 2005: 175-179.

[34] Papaioannou G, Theoharis T. Fast fragment assemblage using boundary line and surface matching [A] //IEEE Computer Society Conference on Computer Vision and Pattern Recognition [C]. Madison: IEEE Computer Society Press, 2003: 20-29.

[35] Persad R A, Armenakis C. Automatic co-registration of 3D multi-sensor point clouds [J]. ISPRS Journal of Photogrammetry and Remote Sensing, 2017 (130): 162-186.

[36] Petitjean S, Ray N. Least squares conformal maps for automatic texture atlas generation [J]. Conference on Computer Graphics & Interactive Techniques, 2002, 21 (3): 362-371.

[37] Pottmann H, Huang Q X, Yang Y L. Integral invariants for robust geometry processing [J]. Computer Aided Geometric Design, 2009, 26 (1): 37-60.

[38] Quan S, Ma J, Hu F, et al. Local voxelized structure for 3D binary feature representation and robust registration of point clouds from low-cost sensors [J]. Information Sciences, 2018 (444): 153-171.

[39] Razdan A, Bae M S. A hybrid approach to feature segmentation of triangle meshes [J]. Computer-Aided Design, 2003, 35 (9): 783-789.

[40] Rossl C, Kobbelt L. Line-art rendering of 3D-models [A] // The Eighth Pacific Conference on Computer Graphics & Applications [M]. Hong Kong:

IEEE Computer Society Press, 2000: 87-96.

[41] Shapira L, Shalom S, Shamir A, et al. Contextual part analogies in 3D objects [J]. International Journal of Computer Vision, 2010, 89 (2-3): 309-326.

[42] Shlafhian S, Tal A, Katz S. Metamorphosis of polyhedral surfaces using decomposition [A] // Computer Graphics Forum [M]. New Jersey: Blackwell Publishing, 2003: 219-228.

[43] Shu X, Wu X J. A novel contour descriptor for 2D shape matching and its application to image retrieval [J]. Image and Vision Computing, 2011, 29 (4): 286-294.

[44] Tang L, Wang A, Xu Z, et al. Online-purchasing behavior forecasting with a firefly algorithm - based SVM model considering shopping cart use [J]. Eurasia Journal of Mathematics Science and Technology Education, 2017, 13 (12): 7967-7983.

[45] Tang Z R, Liu M Z, Jiang Y, et al. Point cloud registration algorithm based on canonical correlation analysis [J]. Chinese Journal of Lasers, 2019, 46 (4): 173-181.

[46] Vanco M, Brunnett G, Schreiber T. A hashing strategy for efficient k-nearest neighbors computation [J]. Proceedings of IEEE Computer Graphics International, 1999 (2): 120-128.

[47] Vieira M, Shimada K. Surface mesh segmentation and smooth surface extraction through region growing [J]. Computer Aided Geometric Design, 2005, 22 (8): 771-792.

[48] Wang L, Lu H, Ruan X, et al. Deep networks for saliency detection via local estimation and global search [C] // IEEE Conference on Computer Vision and Pattern Recognition [M]. New York: IEEE Conference on. IEEE, 2015: 3183-3192.

[49] Wang L, Yuan B. Feature point detection for 3D scattered point cloud model [J]. Signal Processing, 2011, 27 (6): 932-938.

[50] Wang Q, Chen K. Zero-shot visual recognition via bidirectional latent em-

bedding [J]. International Journal of Computer Vision, 2017, 124 (3): 356-383.

[51] Wang W, Zhao Y, Wang X. Pulsar signal denoising method based on Laplace distribution in no-subsampling wavelet packet domain [J]. Journal of Nanoelectronics & Optoelectronics, 2016, 152 (5): 131-144.

[52] Wang Y, Li M, Zhong G, et al. Circular trace transform and its PCA-based fusion features for image representation [J]. IET Image Processing, 2018, 12 (10): 1797-1806.

[53] Wu J H, Kobbelt L. Structure recovery via hybrid variational surface approximation [J]. Computer Graphics Forum, 2005, 24 (3): 277-284.

[54] Wu M, Wang J. Registration of point cloud data for matching crushed sand particles [J]. Powder Technology, 2019, 347 (10): 227-242.

[55] Xie Z, Xu K, Liu L, et al. 3D shape segmentation and labeling via extreme learning machine [J]. Computer Graphics Forum, 2015, 33 (5): 85-95.

[56] Yang X K, Qu D, Zhang W L, et al. An adapted data selection for deep learning-based audio segmentation in multi-genre broadcast channel [J]. Digital Signal Processing, 2018 (8): 8-15.

[57] Yuri P, Craig G. Articulated object reconstruction and markerless motion capture from depth video [A] // Computer Graphics Forum [C]. Blackwell Publishing Ltd, 2008, 27 (2): 399-408.

[58] Zhao X, Wu Y, Song G, et al. A deep learning model integrating FCNNs and CRFs for brain tumor segmentation [J]. Medical Image Analysis, 2017 (43): 98-111.

[59] Zhong Y. Intrinsic shape signatures: A shape descriptor for 3D object recognition: IEEE International Conference on Computer Vision Workshops (ICCV Workshops) [C]. Kyoto, Japan, 2009: 689-696.

[60] 陈培兴，王明泉，李世虎，等. 基于形态学和 Otsu 的固体火箭发动机 CT 缺陷三维分割 [J]. 图学学报，2015，36 (4): 581-586.

[61] 陈世超，戴华阳，王成，等. 激光扫描数据的密集噪声剔除方法

[J]. 激光与光电子学进展，2019，56（6）：214-221.

[62] 陈思颖，王晓鲁，张寅超. 城区机载激光雷达点云数据与航空影像的多尺度配准方法 [J]. 北京理工大学学报（自然科学版），2016，36（2）：186-190.

[63] 杜建丽，茹少峰，樊少荣，等. 基于 B-样条表示的物体轮廓曲线匹配 [J]. 西北大学学报（自然科学版），2005，35（5）：527-530.

[64] 樊少荣. 破碎刚体互补形状匹配与拼接方法研究 [D]. 西安：西北大学，2005.

[65] 付德敏. 各向异性多边滤波在三维点云去噪中的应用研究 [D]. 秦皇岛：燕山大学，2017.

[66] 傅欢，梁力，王飞，等. 采用局部凸性和八叉树的点云分割算法 [J]. 西安交通大学学报，2012，46（10）：60-65.

[67] 高波涌，姚伏天，张三元. 基于高斯过程的三维模型语义分类和检索 [J]. 浙江大学学报（工学版），2010，44（12）：2251-2256.

[68] 葛宝臻，彭博，田庆国. 基于曲率图的三维点云数据配准 [J]. 天津大学学报（自然科学与工程技术版），2013，46（2）：174-180.

[69] 耿国华，石晨晨，魏潇然，等. 3D 打印中的模型分割与打包 [J]. 光学精密工程，2016，24（6）：1439-1447.

[70] 韩宝昌，曹俊杰，苏志勋. 一种区域层次上的自动点云配准算法 [J]. 计算机辅助设计与图形学学报，2015，27（2）：313-319.

[71] 韩志斌，林涛，杨坤，等. 基于改进二维 Ostu 算法的 SAR 图像分割方法研究 [J]. 海军航空工程学院学报，2010，25（2）：153-157.

[72] 黄源，达飞鹏，陶海跻. 一种基于特征提取的点云自动配准算法 [J]. 中国激光，2015，42（3）：250-256.

[73] 金静，党建武，翟凤文，等. 融合局部纹理特征的核密度估计运动目标检测 [J]. 吉林大学学报（工学版），2019，49（2）：647-655.

[74] 李静. 基于特征轮廓约束的秦碎片曲面匹配方法研究 [D]. 西安：西北大学，2015.

[75] 李孟. 三维表面数字拼接算法研究 [D]. 哈尔滨：哈尔滨工业大学，2009.

[76] 李群辉，张俊祖，耿国华，等. 以轮廓曲线为特征的断裂面匹配 [J]. 西安交通大学学报，2016，50 (9)：105-110.

[77] 李群辉，张俊祖，耿国华，等. 基于凹凸区域的断裂面匹配算法 [J]. 计算机工程与应用，2016，52 (13)：187-190，253.

[78] 李群辉，周明全，耿国华. 断裂面匹配的破碎刚体复原 [J]. 中国图象图形学报，2012，17 (10)：1298-1304.

[79] 李仁忠，杨曼，田瑜，等. 基于 ISS 特征点结合改进 ICP 的点云配准算法 [J]. 激光与光电子学进展，2017，54 (11)：307-313.

[80] 李宇翔，郭际明，潘尚毅，等. 一种基于 ISS-SHOT 特征的点云配准算法 [J]. 测绘通报，2020 (4)：21-26.

[81] 李月雯. 面向文物数字化建模的网格模型孔洞修补算法研究 [D]. 西安：西北大学，2017.

[82] 蔺素珍，王栋娟，钟家让. 利用曲率特征虚拟拼接青铜器小碎片的方法 [J]. 西安电子科技大学学报，2016，43 (6)：151-156.

[83] 刘军，周明全，耿国华，等. 基于轮廓与断面匹配的秦俑碎片拼接方法 [J]. 计算机工程，2014，40 (1)：181-190.

[84] 刘鸣，舒勤，杨赟秀，等. 基于独立成分分析的三维点云配准算法 [J]. 激光与光电子学进展，2019，56 (1)：181-189.

[85] 刘世凡，梁晋，董波. 人体模型网格孔洞快速修复方法 [J]. 西安交通大学学报，2018，52 (8)：1-7.

[86] 雒赫. 文物三维模型特征线提取及外表面和断裂面标识研究 [D]. 西安：西北大学，2014.

[87] 吕科，耿国华，周明全，等. 基于傅立叶变换的三维轮廓线快速匹配算法 [J]. 西北大学学报（自然科学版），2003，33 (2)：151-154.

[88] 孟秋晴. 非薄壁文物碎片拼接中的断裂面提取与匹配技术研究 [D]. 西安：西北大学，2013.

[89] 欧阳磊广. 文物碎块分类拼接及其并行算法 [D]. 济南：山东大学，2007.

[90] 仇清涛，段敬豪，巩贯忠，等. 基于三维动态区域生长算法的肝脏自动分割 [J]. 中国医学物理学杂志，2017，34 (7)：660-665.

[91] 茹少峰，贾建，周明全. 基于连接点的二维多角弧匹配 [J]. 中国图象图形学报，2003，8 (4)：464-467.

[92] 石爽，曲仕茹，何力. 一种新的边界跟踪算法 [J]. 工程图学学报，2011，32 (3)：53-56.

[93] 舒程珣，何云涛，孙庆科. 基于卷积神经网络的点云配准方法 [J]. 激光与光电子学进展，2017 (3)：123-131.

[94] 孙金虎，周来水，安鲁陵. 应用最小生成树实现点云分割 [J]. 中国图象图形学报，2012，7 (7)：859-865.

[95] 唐志荣，蒋悦，苗长伟，等. 基于因子分析法的三维点云配准算法 [J]. 激光与光电子学进展，2019，56 (19)：186-195.

[96] 王晓辉，吴禄慎，陈华伟，等. 应用改进的粒子群优化模糊聚类实现点云数据的区域分割 [J]. 光学精密工程，2017，25 (4)：563-573.

[97] 王洋，张琴. 利用傅里叶变换边缘曲线法进行 W 型轮廓的快速匹配 [J]. 计算机科学，2016，43 (6)：116-117+138.

[98] 魏阳，周明全，耿国华，等. 基于多特征和 SVM 的兵马俑碎块分类 [J]. 西北大学学报（自然科学版），2017，47 (4)：497-504.

[99] 徐辉. 基于聚类方法的点云分割技术的研究 [D]. 哈尔滨：哈尔滨工业大学，2014.

[100] 徐胜军，韩九强，刘光辉. 基于马尔可夫随机场的图像分割方法综述 [J]. 计算机应用研究，2013，30 (9)：2576-2582.

[101] 闫旭，姜威，贲晛烨. 基于改进 Hu 不变矩的图像篡改检测算法 [J]. 光学技术，2018，44 (2)：171-176.

[102] 杨戈. 秦俑陶片三维模型分类方法研究 [D]. 西安：西北大学，2014.

［103］杨小军，杨兴炜，曾峦，等. 基于轮廓关键点集的形状分类［J］. 南京大学学报（自然科学版），2010，46（1）：47-55.

［104］余宇婷，金文，张珊珊，等. 基于 EMD 的相空间重构极限学习机预测模型［J］. 计算机工程与设计，2017，38（9）：2515-2524.

［105］张海堂. 基于敏感度的可抗噪的模糊 SLIQ 决策树［D］. 济南：山东大学，2011.

［106］张婧，周明全，耿国华. 基于变分水平集的三维模型复杂孔洞修复［J］. 计算机应用研究，2018，35（4）：1254-1257.

［107］张守东，杨明，胡太. 基于多特征融合的显著性目标检测算法［J］. 计算机科学与探索，2019，13（5）：834-845.

［108］张翔宇，田庆国，葛宝臻. 三维人体点云模型多约束肢体分割［J］. 计算机应用，2015，35（3）：830-834.

［109］张毅，刘旭敏，隋颖，等. 基于 K-近邻点云去噪算法的研究与改进［J］. 计算机应用，2009，29（4）：1011-1014.

［110］张雨禾，耿国华，魏潇然，等. 保留几何特征的散乱点云简化算法［J］. 计算机辅助设计与图形学学报，2016，28（9）：1420-1427.

［111］张哲，许宏丽，尹辉. 一种基于关键点选择的快速点云配准算法［J］. 激光与光电子学进展，2017，54（7）：155-163.

［112］赵夫群，耿国华. 基于特征点的秦俑断裂面匹配方法［J］. 激光与光电子学进展，2018，55：128-134.

［113］赵夫群，周明全，耿国华. 刚体碎块的断裂面匹配［J］. 中国图象图形学报，2017，22（1）：86-95.

［114］赵夫群，周明全，耿国华. 基于轮廓曲线和特征区域的秦俑碎块匹配算法［J］. 北京理工大学学报，2018，38（3）：293-299.

［115］赵夫群，周明全. 文物点云模型的优化配准算法［J］. 计算机应用研究，2017，34（21）：3885-3888.

［116］赵宗泽，张永军. 基于植被指数限制分水岭算法的机载激光点云建筑物提取［J］. 光学学报，2016，36（10）：495-503.

［117］郑毅，郑苹．基于模糊熵和模拟退火算法的双阈值图像分割［J］．电子测量与仪器学报，2014，28（4）：360-367．

［118］周术诚．三维复杂形状拼接与破碎物体复原技术研究［D］．西安：西北大学，2007．

［119］朱颢东．ID3 算法的改进和简化［J］．上海交通大学学报，2010，44（7）：883-886．